A PSICOLOGIA DO GÊNERO

Blucher

Gary W. Wood

A PSICOLOGIA DO GÊNERO

Tradução

Sonia Augusto

Título original: The Psychology of Gender
A psicologia do gênero

Publisher Edgard Blücher
Editor Eduardo Blücher
Coordenação editorial Jonatas Eliakim
Produção editorial Luana Negraes
Preparação de texto Bonie Santos
Diagramação Negrito Produção Editorial
Revisão de texto MPMB
Capa Leandro Cunha

Blucher

Rua Pedroso Alvarenga, 1245, 4º andar
04531-934 – São Paulo – SP – Brasil
Tel.: 55 11 3078-5366
contato@blucher.com.br
www.blucher.com.br

Segundo o Novo Acordo Ortográfico, conforme 5. ed. do *Vocabulário Ortográfico da Língua Portuguesa*, Academia Brasileira de Letras, março de 2009.

Dados Internacionais de Catalogação na Publicação (CIP)
Angélica Ilacqua CRB-8/7057

Wood, Gary W.
A psicologia do gênero / Gary W. Wood ; tradução de Sonia Augusto. – São Paulo : Blucher, 2021.
128 p.: il. (A Psicologia de Tudo)

Bibliografia
ISBN 978-65-5506-220-5 (impresso)
ISBN 978-65-5506-216-8 (eletrônico)

1. Identidade – Psicologia. 2. Gênero – Psicologia. 3. Sexualidade. 4. Homossexualidade. I. Título. II. Augusto, Sonia.

21-1919 CDD 155.3

Índice para catálogo sistemático:
1. Identidade de gênero

CONTEÚDO

AGRADECIMENTOS

Agradeço a todos que apoiaram meu processo de escrita, especialmente Eleanor Reedy, da Routledge, por sua paciência, seu apoio e suas sugestões construtivas. Obrigado também a Alex Howard e às outras pessoas da equipe, e a Christine Cottone e à equipe da Apex CoVantage. Muito obrigado a Sarah Baxter e à Society of Authors pelo apoio na conclusão deste livro.

Agradecimentos especiais a Petra Boynton por seu apoio no decorrer dos anos e por sempre "me indicar".

Agradecimentos muito especiais a Takeshi Fujisawa por seu apoio moral e técnico e pela paciência.

Dedicado a Nelly Florence Butcher e Clifford Bertram Butcher.

I

INTRODUÇÃO

Sejam bem-vindos a *A psicologia do gênero*, em que exploramos as implicações de nossa classificação, no nascimento, de "menino" ou "menina" e como isso afeta todos os aspectos das nossas vidas.

SABEDORIA COMUM SOBRE GÊNERO

Ouvimos as pessoas dizerem, em tempos de estresse extremo ou após experiências de quase morte, "toda a minha vida passou diante de mim". Mas e se, em um momento de precognição, nossas vidas passassem diante de nós com nossa primeira respiração? E se todas as reviravoltas, os padrões e as escolhas fossem predeterminados? E se um toque da caneta mapeasse a nossa vida inteira, com base em um vislumbre de nossa nudez infantil? E se a "loteria de nossa anatomia" fosse nosso destino, e a biologia e a fisiologia determinassem nossa psicologia? Parece uma trama sinistra de um livro de ficção científica distópica.[1] E, no entanto, todos os dias, de cada X que fazemos em um formulário a cada pausa para ir ao banheiro, nós confirmamos e reconfirmamos nossa identidade de nascença praticamente deste modo: de meninas e meninos a homens e mulheres e a senhoras e senhores.

A psicologia do gênero é um pequeno livro na série A Psicologia das Coisas que oferece uma introdução crítica com o objetivo de preencher as lacunas entre a compreensão cotidiana, a psicologia popular e a escrita acadêmica. A compreensão cotidiana inclui muitas suposições consideradas óbvias, e a psicologia popular, com suas metáforas cômicas, visa aliviar e simplificar, obscurecendo mais do que esclarecendo. Embora a academia tenha como objetivo iluminar o inexplorado, algumas vezes ela intelectualiza demais e acaba parecendo afastada da realidade cotidiana. O sociólogo Ken Plummer descreve gênero como "a mais certa de todas as ideias no mundo moderno e, ao mesmo tempo, um dos conceitos mais contestados nas ciências sociais".[2] Este livro pretende expor as principais suposições ocultas em relação ao gênero, responder algumas perguntas, estimular seus próprios questionamentos e guiar explorações futuras.

O gênero está "escondido bem debaixo do nosso nariz". A psicóloga Vivien Burr o descreve como "o pano de fundo contra o qual nossa vida cotidiana acontece".[3] Gênero é a "arena em que confrontamos questões práticas difíceis sobre justiça, identidade e até mesmo sobrevivência".[4] No entanto, ele é muitas vezes tratado como pouco mais do que "um interessante traço de personalidade". Em minha experiência de ensino de métodos de pesquisa, os estudantes costumam incluir "diferenças de gênero" em seus projetos sem questionar se isso faz sentido. A psicolo-

---

1 Veja o conto de Philip K. Dick "The Minority Report", sobre sistemas de policiamento preditivos que marcam e prendem as pessoas *antes* que elas tenham a chance de cometer um crime.

2 Plummer, K. (1996). Foreword: Gender in Question. In R. Elkins, & D. King (eds.), *Blending Genders: Social Aspects of Cross-Dressing and Sex-Changing*. Londres: Routledge, p. xiii.

3 Burr, V. (1998). *Gender and Social Psychology*. Londres: Routledge, p. 2.

4 Connell, R., & Pearse, R. (2015). *Gender: In World Perspective*. Cambridge: Polity Press, p. ix. [*Gênero: uma perspectiva global*. São Paulo: nVersos, 2015.]

gia popular apoia essa visão, nos incentivando a pensar que homens e mulheres são tão diferentes que vêm de planetas diferentes. A psicologia acadêmica tem sido lenta em desafiar isso, enquanto a psicóloga social Mary Crawford argumenta que livros e workshops do tipo Marte/Vênus ganharam legitimidade por meio de anúncios em periódicos acadêmicos.[5] Durante os anos 1990, escritores LGBTQ[6] desafiaram cada vez mais a "obviedade" do gênero. Em *The Apartheid of Sex: A Manifesto on the Freedom of Gender*,[7] Martine Rothblatt compara os desafios ao paradigma do gênero binário com os desafios heréticos ao paradigma da Terra como centro do universo.

Antes de continuarmos, pense na última vez em que você preencheu um formulário oficial. As declarações de sexo ou gênero nesses formulários tradicionalmente oferecem duas opçoes:

- Você é homem?
- Você é mulher?

Para muitas pessoas, nunca ocorreu que isso pudesse ser diferente de "ou/ou". Então, certo dia, os formulários mudaram, oferecendo opções como "outro" e "prefiro não informar". Alguns reclamaram que essas mudanças eram um ataque à "ordem natural" ou "o politicamente correto enlouquecido". Por que alguém *preferiria* não informar? O que mais poderia existir além de homem e mulher? Outros deram boas-vindas à oportunidade de alternativas aos rótulos binários de gênero que refletiam melhor a realidade de suas vidas. *A psicologia do gênero* visa abordar

5 Crawford, M. (1998). "Mars and Venus": Gender Representations and Their Subversion. In *Proceedings of the International Conference on Discourse and the Social Order*, July, Aston University, Birmingham.

6 LGBTQ = Lésbicas, Gays, Bissexuais, Trans, Queers. Quando I e A são adicionados, eles se referem a "Intersexuais" e "Assexuais" ou "Aliados". Q algumas vezes significa "Questionando".

7 Rothblatt, M. (1996). *The Apartheid of Sex: A Manifesto on the Freedom of Gender*. Londres: Pandora.

essas questões e ainda mais. Uma vez que você ousa questionar o gênero, as questões se escrevem sozinhas.

Por que as "assistentes" nos aplicativos de inteligência artificial (IA) são femininas (por exemplo, Siri ou Cortana) quando não precisam ser? Por que os esportes não são organizados por tamanho corporal em vez de gênero? Os estereótipos de gênero são ruins para a nossa saúde? Os papéis de gênero são uma maneira benigna de organizar o mundo? Qual é a conexão entre gênero, poder e desigualdade? Livros de autoajuda oferecem soluções para nos levar adiante ou Band-Aids para o *status quo*? As diferenças de gênero estão fisicamente no cérebro? Há mais em você do que rosa ou azul? Podemos existir em um mundo sem gênero ou a resistência é inútil?

Então, por onde começar?

Na psicologia acadêmica, uma convenção é começar esclarecendo os termos do debate – *briefing*, definições de trabalho, para ficarmos todos na mesma página, por assim dizer. O que é psicologia? O que é gênero? Qual é a conexão entre sexo e gênero?

O QUE É PSICOLOGIA?

A definição aceita de psicologia é "o estudo científico da mente e do comportamento".[8] Ela adota métodos científicos (como as ciências naturais) para explorar de maneira sistemática o que significa ser humano e o que nos emociona. Métodos incluem experimentos controlados, observações, pesquisas e assim por diante. O objetivo é gerar dados na forma de números (quantitativos) ou de palavras e imagens (qualitativos), ou uma combinação das duas formas. Os pesquisadores na área da psicologia analisam esses dados para testar questões de pesquisa, gerar explicações, desenvolver e refinar teorias, generalizar e fazer previsões de comportamentos futuros. A psicologia oferece um meio de testar as suposições da

8 Veja British Psychological Society (BPS): www.bps.org.uk. Veja também American Psychological Association (APA): www.apa.org/.

compreensão cotidiana (e da psicologia popular). Às vezes, ela confirma o "bom senso" e, outras vezes, oferece uma visão radicalmente diferente.

A psicologia não é infalível, pois não se pode fazer pesquisa em um "vácuo de valores". Ela é vulnerável a erros e vieses que inevitavelmente surgem quando pessoas estudam pessoas.[9] A psicologia é um trabalho em andamento, e parte de seu projeto é tornar o invisível visível e expor o viés humano em crescentes aproximações à "verdade". Ela oferece uma alternativa para a frase que já irritou muitas crianças perguntadeiras na escola: "porque é assim que as coisas são".

Como *coach* de desenvolvimento pessoal e profissional, eu uso com meus clientes o princípio de que "a visão influencia a ação e vice-versa". O modo como vemos o mundo influencia o que fazemos no mundo. Sexo e gênero, como unidades fundamentais da identidade, criam lentes (ou filtros) através das quais interagimos com o mundo, influenciando o modo como pensamos, nos comportamos e experienciamos o mundo e nós mesmos como parte dele.

O QUE É GÊNERO (E COMO ELE SE RELACIONA AO SEXO)?

Sexo e gênero muitas vezes são usados como sinônimos, dando a impressão de que são palavras diferentes para expressar a mesma coisa. Na linguagem cotidiana, alguns usam gênero como se fosse uma alternativa mais educada para dizer "sexo", como se estivessem usando eufemismos para "ir ao banheiro", como "ir ao toalete", "retocar a maquiagem" e "ir logo ali". Sexo e gênero estão relacionados, mas não são sinônimos. A tendência a misturar e a distorcer os termos pode influenciar nosso pensamento e ocultar as diferenças fundamentais. Isso faz com que seja mais fácil supormos que o gênero é um produto natural e inevitável de nossa biologia, quando não é.

9 Veja Rosnow, R. L. (1997). *People Studying People: Artifacts and Ethics in Behavioral Research*. Nova York: W. H. Freeman & Company.

Sexo tem dois significados: uma atividade física e um status biológico. O ato de fazer sexo significa se envolver em intimidade física/genital com outra pessoa ou outras pessoas, ou em qualquer autoestimulação, sem excluir objetos inanimados.[10] Já sexo como parte de nossa identidade – um estado de ser – geralmente é atribuído no nascimento, com base principalmente na aparência de nossos genitais. É principalmente uma classificação binária ou/ou de menino ou menina que aparece na certidão de nascimento. Isso coloca em movimento uma série de expectativas para o resto de nossa vida – isto é, nosso gênero.[11]

Gênero é a interpretação sociocultural (e psicológica) de nosso sexo biológico, isto é, como compreendemos a biologia na vida diária. Enquanto "macho" e "fêmea" são distinções biológicas, "masculino" e "feminino" são distinções de gênero. Segundo a visão "linha dura", a masculinidade resulta de ser macho e a feminilidade resulta de ser fêmea. Este livro busca explorar as áreas cinzentas além dessa suposição ampla, inclusive se sexo e gênero podem ser "divorciados" um do outro. Para começar a questionar isso, podemos pensar em sexo como um substantivo (algo que somos) e em gênero como o verbo (algo que fazemos).

O QUE ESPERAR DESTE LIVRO

A psicologia do gênero se baseia em uma grande variedade de teorias e evidências de uma ampla revisão de disciplinas para considerar o impacto do gênero em nossas psicologias individual e coletiva, incluindo nossos relacionamentos e a sociedade em geral. Este curto livro não tem como oferecer um exame exaustivo, mas destaca temas e questões importantes de modo a ser um trampolim para mais leituras críticas. O gênero é encontrado em biologia, sociologia, fisiologia, geografia social, teoria queer,

10 Para os propósitos de nossa discussão, permanecemos dentro de nossa espécie, dentro da lei e supomos que todas as partes envolvidas são adultos que consentem em participar.

11 Wood, G. W. (2005). *Sex, Lies and Stereotypes: Challenging Views of Women, Men and Relationships*. Londres: New Holland.

textos LGBTQI+, textos feministas, neurociência cognitiva, estudos culturais e assim por diante. Todos informam e afetam nossa psicologia. Eu também uso minha própria pesquisa, que explica a homofobia em termos de transgressão de papel de gênero, tornando explícito o vínculo entre homofobia e sexismo. Por meio de um exame crítico das evidências, esperamos chegar a uma nova psicologia do gênero, que seja menos prescritiva e mais significativamente descritiva. Uma que trace paralelos entre os futuros modelos de gênero e modelos de perspectivas históricas e transculturais. Uma que considere a complexidade psicológica da experiência humana.

- O Capítulo 2 considera as distinções entre sexo e gênero em mais profundidade e discute os papéis de gênero, seu relacionamento com nossa anatomia e como nem o sexo biológico nem o gênero socializado são necessariamente binários. Também considera os vínculos entre a identidade de gênero e o ato sexual.
- O que a pesquisa diz sobre as diferenças de sexo biológico e "cérebros com gênero", seus vínculos com estereótipos de papel de gênero e como eles são interpretados e relatados nos círculos da psicologia popular? O Capítulo 3 olha com mais profundidade para a base das diferenças percebidas no gênero.
- Papéis de gênero são uma maneira benigna de organizar o mundo? A visão "igual mas diferente" do gênero muitas vezes ignora as relações (e desigualdades) de poder. O Capítulo 4 considera o impacto de reforçar estereótipos de papel de gênero, incluindo as implicações individuais de saúde e psicológicas e o impacto nas amizades, nos relacionamentos e na sociedade.
- O Capítulo 5 considera histórias alternativas para entender o gênero além da perspectiva binária ocidental moderna que habita os livros de psicologia popular. Ele considera onde a história começou e outras visões de mundo, bem como contos de fadas, ficção científica e identidades cibernéticas para nos ajudar a começar a formular um novo modelo para a psicologia do gênero.

Nossa jornada pela psicologia do gênero termina com a reunião dos temas principais e com um pedido para que você pense em como as informações afetam você. O que tocou você ou provocou medo em seu coração? Como você encontra sentido nisso em relação à sua compreensão de si mesmo? Como você descreveria um gênero que é significativo para sua vida? Qual é a sua história?

Então, vamos começar voltando ao básico e explorando os vínculos entre sexo e gênero.

2

SEXO E GÊNERO

DUAS ESTRADAS?

Os debates sobre gênero invariavelmente centram-se na suposta "naturalidade" dos papéis de gênero, que eles são "físicos" e um resultado inevitável de nossa biologia – isto é, pênis levam à masculinidade e vaginas levam à feminilidade. Isso nos faz pensar no corpo como "um tipo de máquina que fabrica a diferença de gênero".[1] Desta perspectiva, a estrada é muito percorrida, e a rota é predestinada. Por outro lado, Judith Butler, em *Gender Trouble*, descreve o gênero como uma prática, como algo que fazemos. É "a estilização repetida do corpo, um conjunto de atos repetidos no interior de uma estrutura reguladora altamente rígida, a qual se cristaliza no tempo para produzir a aparência de uma substância, de uma

1 Connell, R., & Pearse, R. (2015). *Gender: In World Perspective*. Cambridge: Polity Press, p. 36. [*Gênero: uma perspectiva global*. São Paulo: nVersos, 2015.]

classe natural de ser".[2] Por esta visão, tem mais a ver com desempenho em vez de essência, com "o corpo como um tipo de tela em que a cultura pinta imagens de gênero".[3] Isso "se resume" ao debate antigo natureza *versus* criação que todos os estudantes de psicologia têm de enfrentar.

Fundamentando-se nas definições básicas apresentadas na introdução, este capítulo primeiro volta aos pontos básicos para revisar o sexo biológico e verificar até que ponto tudo "se alinha". Existe uma narrativa binária coerente ou "tons de cinza" e ambiguidade? Ao desenvolver a definição de gênero, ele apresenta a ideia de que interpretamos sexo e gênero através de um conjunto de lentes. O capítulo também discute intersexo, transgênero e cisgênero e, finalmente, considera o relacionamento entre gênero e sexualidade (orientação sexual).

AS LENTES DO GÊNERO

Na década de 1990, para revelar as suposições ocultas sobre as diferenças de gênero, a psicóloga Sandra Bem propôs três lentes pelas quais vemos o gênero: *essencialismo biológico*, *androcentrismo* e *polarização de gênero*.[4] Elas oferecem um ponto de partida para uma avaliação crítica das narrativas de sexo e gênero no entendimento comum, na psicologia popular e na academia.

O *essencialismo biológico* coloca nosso foco nas diferenças em biologia reprodutiva como o significante primário da diferença de gênero. Os genitais tornam-se os "passaportes para o gênero". Na imaginação popular, a biologia reprodutiva oferece um esquema fixo para o modo como homens e mulheres encontram sentido no mundo, em si mesmos e nos relacionamentos. A teórica do gênero e *performer* Kate Bornstein descreve a abordagem de Marte/Vênus da psicologia popular como um "essencialis-

2 Butler, J. (1990). *Gender Trouble: Feminism and the Subversion of Identity*. Londres: Routledge, p. 33. [*Problemas de gênero: feminismo e subversão da identidade*. Trad. Renato Aguiar. Rio de Janeiro: Civilização Brasileira, 2003, p. 59.]

3 Connell & Pearse (2015), p. 36.

4 Bem, S. L. (1993). *The Lenses of Gender: Transforming the Debate on Sexual Inequality*. New Haven: Yale University Press.

mo de solução mágica" (que só funciona se aceitarmos a primeira premissa).[5] *Androcentrismo* literalmente significa "centrado no macho".[6] Através dessa lente, a masculinidade recebe precedência sobre a feminilidade. A *polarização de gênero* retrata a masculinidade e a feminilidade como opostos binários, em que um é expresso às custas do outro — um jogo de soma zero. Nós reafirmamos isso todas as vezes que usamos os termos "sexo oposto" e "batalha dos sexos". Nessa visão, os comportamentos que cruzam as linhas de gênero são tratados como piada ou mesmo como patologia.[7] Sandra Bem argumenta que as lentes interagem não só para criar uma visão coerente do mundo, mas também para separar desigualmente homens e mulheres (sexismo). Em vez de meramente ajudar a explicar o mundo, elas distorcem nossa visão. Para testar a tese de Sandra, vamos examinar novamente a biologia humana, que – como "fatos" científicos – não deveria ser suscetível às lentes do gênero.

O SEXO ESTÁ NOS OLHOS DE QUEM VÊ

Anatomia reprodutiva

O sexo geralmente é atribuído no nascimento pela visão da presença ou ausência de um pênis. Isso não é especialmente científico, mas, mesmo assim, é o que acontece. Embora seja bastante importante, para muitas pessoas, a forma do genital é apenas uma definição parcial do sexo. O sexo biológico também é definido por cromossomos, hormônios, a função do sistema reprodutivo e o sexo dos órgãos internos acessórios – os precursores embrionários das estruturas reprodutivas.[8] O mais frequente é que todos eles se alinhem, mas nem sempre existe uma correlação perfeita. Vamos primeiro considerar a função e a aparência externa de nossos ge-

5 Bornstein, K. (1997). *My Gender Workbook: How to Become a Real Man, a Real Woman, the Real You, or Something Else Entirely*. Londres: Routledge.

6 Você também pode encontrar o termo "falocêntrico", que significa centrado no pênis.

7 Garfinkel, H. (1967). *Studies in Ethnomethodology*. Cambridge: Polity Press.

8 Ductos de Müller nas mulheres e ductos de Wolff nos homens.

nitais, inclusive as gônadas (ovários/testículos), que, no caso dos homens, também são externas (veja a Tabela 2.1).

Tabela 2.1 Comparação entre genitália feminina e masculina

Feminina	Masculina
ovários	testículos
labia majora (lábios externos)	escroto
labia minora (lábios internos)	parte inferior do pênis
glande (cabeça) do clitóris	glande (cabeça) do pênis
corpo (tecido erétil) do clitóris	*corpus cavernosum* (tecido erétil)
vagina	não há estrutura comparável

Comparando as estruturas da Tabela 2.1, quando colocadas lado a lado, elas são formadas do mesmo tecido embrionário. A principal diferença é a maior visibilidade da genitália masculina em comparação com a genitália feminina. As gônadas femininas (ovários) também são internas. Porém, existem fortes similaridades entre as duas configurações, com uma exceção notável. Os homens não têm nenhuma estrutura que se pareça com a vagina, exceto por um leve traço onde as bolsas escrotais se fundem. Embora o termo "vagina" seja normalmente usado para nomear a genitália feminina, a vagina é apenas o canal de nascimento, enfatizando assim a reprodução – um caso de essencialismo biológico. Falando corretamente, o termo coletivo é vulva[9] (embora *Os monólogos da vulva* não seja um título tão atrativo para o público). Mudando o foco para o prazer sexual, o pênis e o clitóris são complementos naturais. Notavelmente, o clitóris, que não foi pesquisado adequadamente até a década de 1990, é o único órgão do corpo humano que tem como função apenas o prazer sexual. Em seu filme *Viva la Vulva: Women's Sex Organs Revealed*, a feminista pró-sexo e pioneira da educação Betty Dodson ensina que a maior parte do clitóris é interna, e assim a Tabela 2.1 precisa de uma revisão radical

9 A vulva é a parte exterior dos genitais femininos e inclui a abertura da vagina (algumas vezes chamada de vestíbulo), os *labia majora* (lábios maiores ou grandes lábios), os *labia minora* (lábios menores ou pequenos lábios) e o clitóris.

para incluir o clitóris interno. E, ainda assim, no entendimento comum, ele é rotineiramente descrito como um "pênis em miniatura" – um exemplo do androcentrismo.[10] Mais adiante no capítulo, vamos examinar melhor a primazia do pênis. Enquanto isso, façamos um breve desvio para considerar outras partes da anatomia comuns a todos.

Outra anatomia

Embora muitas partes da nossa anatomia não tenham propósito reprodutivo, elas ainda podem preencher um propósito erótico. Machos e fêmeas têm cinco sentidos (visão, audição, tato, paladar e olfato) em comum. Além disso, suas bocas têm fisiologia e função idênticas, assim como as mãos, embora na média as mãos dos homens sejam maiores.

Sem dúvida, a parte do corpo que é fonte da maior discussão é o ânus, um assunto em que é difícil ser neutro. Ele se transformou em um símbolo de sordidez,[11] e a estimulação anal é considerada por algumas pessoas uma perversão excêntrica do "desejo sexual natural". Biologicamente, o ânus é comum aos dois sexos e compartilha os músculos e a estrutura nervosa com seus vizinhos, os genitais. Ele tem um potencial erótico para todos, independentemente da orientação sexual.[12] Contudo, as atitudes em relação ao ânus são divididas quando se trata de gênero.

---

10 Veja também *The Internal Clitoris* (O clitóris interno) no site do Museum of Sex (Museu do Sexo): www.museumofsex.com/the-internal-clitoris/. Acesso em: 31 maio 2017.

11 Wood, G. W. (2005). *Sex, Lies and Stereotypes: Challenging Views of Women, Men and Relationships*. Londres: New Holland.

12 Veja Marcio, J., Jorge, N., & Wexner, S. D. (1997). Anatomy and Physiology of the Rectum and Anus. *European Journal of Surgery*, *16*, 723-731, e Morin, J. (1998). *Anal Pleasure and Health: A Guide for Men and Women*. São Francisco: Down There Press. Em resumo: o ânus e a área circundante contêm sensores táteis (de toque), fibras sensoriais, músculos e uma estrutura nervosa compartilhada diretamente com os genitais. Não é possível distinguir se alguns impulsos nervosos são de origem anal ou genital. Para as pessoas para quem a estimulação anal não tem importância erótica, ainda existe um alto grau de sensibilidade e, independentemente do sexo biológico ou da orientação sexual, existe uma interação, durante o orgasmo, entre os genitais e o ânus.

Em um experimento, solicitou-se aos participantes que avaliassem todos os aspectos do corpo humano em várias escalas. Os resultados mostraram que, em geral, o ânus feminino era avaliado como mais "sexual", "atraente" e "positivo" em comparação ao ânus masculino. Comparando as pontuações por gênero dos participantes, as atitudes das mulheres pareceram mais objetivas, isto é, mais alinhadas com a realidade biológica. Em contraste, os homens superestimaram a capacidade sexual do ânus feminino e subestimaram a capacidade sexual do ânus masculino – enfatizando exageradamente a permeabilidade do corpo feminino e desconsiderando a permeabilidade do masculino. De uma perspectiva androcêntrica, o ânus feminino é um substituto da vagina, enquanto o ânus masculino não é nem mencionado. Diferenças de gênero similares nas atitudes foram observadas nas pontuações da boca e das mãos. Todas as três lentes do gênero estão operando aqui.[13]

Agora voltemos aos fundamentos e aos nossos cromossomos.

SEXO CROMOSSÔMICO

A plataforma

Os genes são as unidades da hereditariedade (como a cor dos olhos e o formato do rosto) e são passados dos pais para os filhos. Os cromossomos são pacotes longos e enrolados de genes que carregam as informações da hereditariedade. Os genes humanos são codificados em 23 pares de cromossomos (46 no total). No caso das mulheres, todos os cromossomos têm formato de X. No caso dos homens, um item no último par tem formato de Y (chamado assim porque parece que uma perna do X está faltando). Essa diferença determina o sexo genético do embrião. No caso das fêmeas, o 23º cromossomo é XX, e, no caso dos machos, é XY. O primeiro item no par (X) vem do óvulo da mãe. O esperma do pai

---

13 Wood, G. W. (2000a). The Achilles Hole: Gender Boundary Maintenance and the Anus. *Psychology of Women Section Review*, *2*(2), 26-40; Wood, G. W. (2000b). *Intolerance on Ambiguity, Gender Stereotypes and Attitudes to Sexuality*. (Tese de doutorado). The British Library.

produz a diferença no segundo cromossomo do par. Assim, um "esperma X" produz XX (menina) e um "esperma Y" produz XY (menino). No cromossomo Y, faltam alguns dos genes do cromossomo X, o que não protege os homens tão bem das doenças hereditárias. Para as mulheres, é preciso um gene atípico do pai e um da mãe para provocar uma doença; ele precisa afetar os dois cromossomos X. Para os homens, há apenas um X para ser afetado. De uma perspectiva cromossômica, então, os *homens* são o sexo mais vulnerável (mais frágil),[14] contradizendo a visão tradicional (androcêntrica).

Segundo Sadie Plant, em *Zeros and Ones*,[15] os dois protótipos básicos para seres humanos são, basicamente, o duplo feminino (XX) e o meio feminino/meio masculino (XY), com o "ovo" como padrão e o esperma produzindo a variação. Embora existam muitas variações desses protótipos (com cromossomos X e Y extras), não é possível haver YY, embora possa existir um XYY e um XXX. É possível até mesmo haver um único X (X0), mas nunca um único Y. O X vindo do óvulo sempre forma a plataforma básica. Assim, o sexo cromossômico desafia a primazia dada à masculinidade. As variações cromossômicas são discutidas mais adiante neste capítulo, na seção sobre as pessoas com condições intersexuais.

Cromossomos e genitais

Uma vez fertilizado, o óvulo se divide para produzir mais células. Independentemente do cromossomo carregado pelo esperma, os genitais do embrião são indistintos até por volta da sétima ou oitava semana, e mesmo depois disso é preciso ter um olhar treinado para reconhecer a diferença. Por volta dos três meses, a atividade hormonal desencadeia mudanças mais marcadas. No caso de um embrião XY (masculino), são produzidos dois hormônios principais. Um estimula o desenvolvimento do sistema

14 Rothblatt, M. (1996). *The Apartheid of Sex: A Manifesto on the Freedom of Gender*. London: Pandora; Basow, S. A. (1992). *Gender Stereotypes and Roles*, 3. ed. Pacific Grove, CA: Brooks/Cole Publishing.

15 Plant, S. (1997). *Zeros and Ones: Digital Women and the New Technoculture*. Nova York: Doubleday.

reprodutivo masculino e o outro inibe o desenvolvimento do sistema reprodutivo feminino (fazendo-o recuar). Em comparação, para o embrião XX (feminino), existe relativamente pouca produção de hormônios; no entanto, o sistema reprodutivo feminino se desenvolve. O embrião pode ser XY, mas se os hormônios não desencadearem mudanças no momento crucial e nas quantidades apropriadas, o embrião vai se desenvolver automaticamente na rota feminina. A biologia vai produzir uma fêmea a menos que receba instruções para o contrário. Assim, se formos pedantes, é mais preciso descrever o pênis como um clitóris aumentado. Dos três meses em diante, o tecido embrionário normalmente assume rotas diferentes (feminino ou masculino), como mostrado na Tabela 2.1.

Como nossos hormônios são citados como os agentes da diferença no desenvolvimento genital, vamos olhá-los um pouco mais de perto a seguir.

SEXO HORMONAL

Os hormônios são mensageiros químicos produzidos pelas glândulas no corpo. Circulando na corrente sanguínea, os hormônios controlam as ações das células e dos órgãos, isto é, ligam e desligam os processos corporais. Eles são muitas vezes considerados os "bandidos" da biologia e implicados em aspectos negativos do comportamento, como oscilações de humor, irracionalidade e atos de agressão (tudo parcialmente verdade). Não sabemos exatamente quantos hormônios existem no corpo humano – podem ser centenas.[16] Contudo, as discussões invariavelmente se focam nos poucos que chamamos de hormônios masculinos e hormônios femininos. Apesar de que, de maneira suspeita, o termo "hormonal" parece se aplicar apenas a mulheres, e, em geral, em um sentido negativo. Quando comparamos o sexo biológico, os hormônios diferem mais em grau do que em tipo. O número e a gama de hormônios produzidos por homens e mulheres são praticamente os mesmos. Em relação aos chamados hormônios sexuais

16 Confirmado pelo Dr. Neil Gittoes da Universidade de Birmingham durante a preparação para meu livro de 2005, *Sex, Lies and Stereotypes: Challenging Views of Women, Men and Relationships*. Londres: New Holland.

(embora eles tenham também outras funções no corpo), as mulheres produzem preponderantemente *estrogênio* e *progesterona*, enquanto os homens produzem majoritariamente *andrógenos* (em especial a *testosterona*).

A testosterona, produzida nas gônadas (testículos e ovários) e nas glândulas adrenais, ajuda na regulação do impulso sexual de homens e mulheres, mas também na distribuição de gordura, no volume muscular, na energia e na sensação de bem-estar. A quantidade média de testosterona difere entre homens e mulheres, mas ela existe nos dois. Pensar na progesterona apenas como um hormônio feminino obscurece muitas das funções dela, como ajudar a ganhar e manter massa óssea. A progesterona também é a precursora da testosterona e do estrogênio. Ela é um antidepressivo, ajuda na coagulação do sangue, auxilia a regular a atividade cerebral, contribui para o início do sono, participa do processo que converte gordura em energia, pode auxiliar a "reiniciar" a libido (impulso sexual) e ainda mais.[17] As diferenças sexuais estão relacionadas a proporções médias diferentes de hormônios, e não a diferenças absolutas. Os padrões e as proporções dos hormônios variam substancialmente dentro dos sexos, não só entre eles. Além disso, em vez de dois conjuntos de hormônios operando separadamente, existem muitas interações (cooperações) entre eles.

De modo geral, no desenvolvimento típico, não existe algo como 100% feminino ("inteiramente mulher") ou 100% masculino ("inteiramente homem") em termos biológicos.[18] O quadro do desenvolvimento sexual não está completo sem que se considerem as variações do tema binário.

INTERSEXO: VARIAÇÕES DO DESENVOLVIMENTO REPRODUTIVO/SEXUAL

No caso das condições intersexo, não existe uma correlação total entre todas as definições parciais de sexo. A anatomia reprodutiva ou sexual

17 Veja Basow, S. A. (1992). *Gender: Stereotypes and Roles*. Pacific Grove: Brooks/Cole, "Hormones", LiveStrong.com: www.livestrong.com/sscat/hormones/. Acesso em: 26 out. 2017.

18 Tudo é "arredondado" para o número inteiro mais próximo. Somos todos aproximações.

e/ou o padrão cromossômico e/ou a atividade hormonal não se encaixa nas definições padronizadas de masculinidade ou feminilidade biológica. A partir de uma revisão da literatura médica internacional de 1955 a 1998, pesquisadores concluíram que um indivíduo intersexo poderia ocorrer em até 2% dos nascidos vivos. A frequência de indivíduos que passam por cirurgia genital "corretiva", porém, atinge entre um e dois a cada 1000 nascidos vivos (0,1 a 0,2%).[19]

A *UK Intersex Association* (UKIA) defende o uso de "intersexo" como um termo coletivo, embora reconheça que nem todas as pessoas com essas condições sentem-se à vontade com o termo. No entanto, existem objeções mais fortes à terminologia alternativa proposta pela International Consensus Conference on Intersex realizada nos Estados Unidos em 2005. Apesar da palavra "consenso", a conferência teve uma ênfase quase exclusivamente médica, e sua tentativa de inventar um termo mais adequado para intersexo resultou em *transtornos do desenvolvimento sexual* (DSD, na sigla em inglês). Considerando as mudanças nas atitudes e abordagens em relação a pessoas gays e trans (afastando-se da linguagem dos transtornos), isso parece um passo para trás. A UKIA argumenta que havia muito pouca informação de pessoas com condições intersexo, e o uso de "transtorno" estigmatiza as "variações naturais no desenvolvimento humano". Consequentemente, isso reduz a vida das pessoas (que têm identidades e histórias individuais) a "transtornos" que precisam ser gerenciados. A UKIA oferece duas alternativas menos estigmatizadoras para serem usadas pela área médica: *variações no desenvolvimento sexual* ou *variações no desenvolvimento reprodutivo*.[20]

Os números a seguir são apresentados para ilustrar que as condições intersexo não são tão raras como poderíamos pensar. Porém, é vital lembrar que por trás das estatísticas existem histórias individuais que só

---

19 Blackless, M., Charuvastra, A., Derryck, A., Fausto-Sterling, A., Lauzanne, K., & Lee, E. (2000). How Sexually Dimorphic Are We? Review and Synthesis. *American Journal of Human Biology*, 12, 151-166. Veja também Intersex Society of North America: www.isna.org/faq/frequency. Acesso em: 31 maio 2017.

20 Veja: The UK Intersex Association (UKIA): www.ukia.co.uk/ukia/dsd.html. Acesso em: 31 maio 2017. Das 48 pessoas que participaram (por convite) da conferência, só duas eram pessoas com condições intersexuais.

podem enriquecer nossa compreensão da psicologia do sexo e do gênero. Atualmente, falta muito desse conhecimento no mercado.

Variações cromossômicas

A variação mais comum ao tema XX-XY é a *síndrome de Klinefelter* (SK), que ocorre em um em cerca de 1000 nascidos vivos. Ela resulta de dois ou mais cromossomos X em machos (isto é, XXY). A condição é aleatória e não é herdada dos pais. Os indicadores externos da SK podem ser sutis em muitos casos. A característica principal é a infertilidade e, algumas vezes, o desenvolvimento genital interrompido. Em cerca de um em 3 mil nascidos vivos há fêmeas que têm apenas um único cromossomo X que é plenamente funcional (X0) — uma condição aleatória, não hereditária, conhecida como *síndrome de Turner* (ST). Os indicadores associados com a ST variam entre as mulheres. A menstruação pode ser atrasada, mas isso é corrigido com terapia hormonal, e problemas de fertilidade são abordados com o tratamento FIV.

Variações hormonais

A síndrome da insensibilidade aos andrógenos (AIS, na sigla em inglês) ocorre quando o desenvolvimento dos cromossomos masculinos (XY) mostra resistência aos andrógenos, resultando em uma pessoa com alguns ou todos os traços físicos de uma fêmea. A AIS pode ser total (completa) ou parcial. Ela resulta de um efeito genético herdado localizado no cromossomo X. A insensibilidade completa aos andrógenos impede que o pênis e outras partes corporais masculinas se desenvolvam; então, ao nascer, o bebê parece ser menina. As características sexuais secundárias acontecem na puberdade (como os seios), mas sem um útero, esses indivíduos não menstruam. A AIS total ocorre em um em 13 mil nascidos vivos e geralmente não é notada até a puberdade, enquanto a AIS parcial ocorre em um em 130 mil nascidos vivos e é mais provavelmente vista no nascimento.

A mais comum de todas as condições é a hiperplasia adrenal congênita (HAC), um grupo de condições hereditárias que estão presentes no nascimento e no qual as glândulas adrenais (ou suprarrenais) são maiores do que o usual. Na HAC, o corpo não tem uma enzima que estimula as glândulas suprarrenais a liberar o hormônio cortisol, o que significa que é menos capaz de lidar com o estresse, seja emocional ou físico. Nos casos de HAC mais graves, os meninos mostram indicações logo após o nascimento, quando desenvolvem irregularidades no ritmo cardíaco. No caso das mulheres nascidas com HAC grave, pode haver incerteza sobre o sexo do bebê por causa de genitália ambígua ou de aparência masculina. A puberdade tende a ser precoce para meninas e meninos, e ambos tendem a ter vozes mais graves do que a média. Nas meninas, a menstruação é irregular ou ausente. Os meninos tendem a ter o pênis aumentado e testículos menores (que a média). A HAC clássica acontece em cerca de um em 13 mil nascimentos.

A HAC de início tardio (também chamada de HAC não clássica) é uma forma mais fraca de HAC que se manifesta no final da infância ou até mesmo no jovem adulto. Ela pode aparecer em até uma em 66 pessoas em alguns grupos étnicos. Não se caracteriza por genitália ambígua nas meninas e não leva à HAC total. Em algumas meninas com HAC de início tardio não há indicações notáveis, e a condição só é identificada porque um parente procurou cuidados médicos para problemas ligados à condição (como pelos corporais indesejados, menstruação irregular ou acne grave). Para muitas mulheres, os problemas resultantes da HAC não clássica são tratáveis com doses muito baixas de esteroides, e isso não precisa ser feito necessariamente durante toda a vida.[21]

Variações das gônadas

Em cerca de um em cada 83 mil nascidos vivos, os recém-nascidos têm gônadas conhecidas como *ovotestículos*. Como o nome sugere, elas têm tecido ovariano e testicular. Essas gônadas podem substituir um ou ambos os ovários ou testículos. A condição era anteriormente conhecida como hermafroditismo verdadeiro, mas isso não indica necessariamente

---

21 Veja: National Adrenal Diseases Association: https://www.nadf.us/congenital-adrenal-hyperplasia-cah.html. Acesso em: 31 maio 2017.

como será a aparência da genitália externa, que pode ser típica de qualquer um dos sexos ou algo intermediário. O tecido testicular nos ovotestículos apresenta risco aumentado de câncer, e assim essa porção muitas vezes é removida ou monitorada de perto.

Este capítulo não representa uma revisão completa de todas as condições intersexo; contudo, mostra que uma crença em binários biológicos absolutos de sexo não tem suporte. Há dois grupos principais nos extremos de um espectro, mas existe também variabilidade na composição das gônadas, na forma e no tamanho dos genitais, nos cromossomos e na fisiologia hormonal. Em vez de uma divisão exata 50/50, há muitos pontos de superposição entre as designações de masculino e feminino.

Assim como, na física, "a natureza abomina o vácuo", a natureza também não lida com dicotomias.[22] Essa é a plataforma sobre a qual precisamos considerar o gênero.

O CAMINHO DO GÊNERO

Nosso gênero atribuído baseia-se em "manchetes" biológicas em vez de se basear nas "letras miúdas", ou seja, baseia-se na inspeção visual de nossa anatomia usando o pênis, mais visível, como critério principal. Sua presença significa "É um menino!"; sua ausência significa "É uma menina!". O processo continua da seguinte maneira:

sexo biológico →	gênero atribuído →	papel de gênero →	identidade de gênero →	expressão de gênero
(pênis/vagina)	(menino/menina)	(masculino/feminino)	(internalização)	(externalização)

Enquanto o sexo biológico ocorre independentemente da cultura, nosso gênero atribuído é uma interpretação social que desencadeia um sistema elaborado de pistas que configuram cadeias de expectativa para toda a vida – baseadas nos conceitos de masculinidade ou feminilidade – do que significa ser um menino ou uma menina, um homem ou

22 "A natureza abomina o vácuo" é uma frase atribuída a Aristóteles (384-322 a.C.), filósofo e cientista. "Nature and dichotomy" é do livro de Rothblatt (1995) *The Apartheid of Sex*.

uma mulher. Os *papéis de gênero* (às vezes chamados de *papéis sexuais*) descrevem e prescrevem padrões de comportamento distintos, fornecendo uma estrutura para como interagimos com os outros, como devemos nos encaixar, como nos vestimos, nossos maneirismos, nossa voz, bem como nossos encontros sexuais, parceiros possíveis, prosperidade econômica e até mesmo nossa personalidade. Os papéis de gênero podem diferir entre culturas diferentes em qualquer momento. Eles também podem mudar no decorrer do tempo dentro da mesma cultura.

A *identidade de papel de gênero* (ou simplesmente *identidade de gênero*) se refere à internalização das expectativas do papel de gênero e ao que significa se identificar como uma menina ou um menino, uma mulher ou um homem. Isso envolve compreender e aceitar que se espera que homens e mulheres sejam diferentes uns dos outros e se comportem de maneiras contrárias. As crianças se tornam conscientes de sua própria identidade de gênero por volta de 2 anos e meio a 3 anos de idade, mas possivelmente já aos 18 meses. Porém, elas ainda podem ter a ideia de que é possível cruzar a barreira e mudar seu gênero.

Um senso contínuo e persistente de ser de um ou "do outro" gênero é conhecido como *constância de gênero*.[23] Tem a ver com entender e aceitar a ideia de que as meninas em algum momento se transformam em mulheres e os meninos se tornam homens. Acreditava-se que apenas aos 6 ou 7 anos as crianças entenderiam completamente a ideia de que o gênero é uma constante, isto é, que as meninas se tornam mulheres e os meninos se tornam homens. Contudo, pesquisas mais recentes sugerem que a constância de gênero pode ocorrer mais cedo, para algumas pessoas até mesmo aos 3 anos de idade, se as crianças perceberem as diferenças genitais.[24] A constância de gênero é composta por dois fatores: estabilidade e consistência. A estabilidade de gênero é uma percepção da criança de que os meninos crescem até serem homens e de que as meninas crescem até serem mulheres. A consistência de gênero se refere ao conhecimento de que o gênero permanece o mesmo independentemente de mudanças nas

---

23 Bem, S. L. (1989). *Genital Knowledge and Gender Constancy in Pre-School Children*, citado em Basow (1992), p. 124.

24 Isso supõe que existam apenas dois gêneros fixos.

atividades ou na aparência da pessoa, como se comportar de uma maneira "transgênera".

A *expressão de gênero* se refere a sua manifestação, sua externalização. É como os indivíduos representam ou expressam sua identidade de gênero para os outros, muitas vezes por meio de comportamento, roupas, estilo de cabelo e características da voz ou do corpo. Não existe necessariamente uma correspondência entre o gênero que nos foi atribuído, o modo como o internalizamos e a maneira como o expressamos.

A *atribuição de gênero* não está incluída na cadeia de desenvolvimento de sexo/gênero no início desta seção. Ela se refere ao gênero que os outros atribuem a nós, dependendo da percepção deles quanto ao modo como nos apresentamos. Isso sempre se baseia em informações parciais.

COMO ADQUIRIMOS IDENTIDADE DE GÊNERO

Tradicionalmente, existem três explicações psicológicas principais de como navegamos o caminho para a identidade de gênero. Elas são a *teoria psicodinâmica, a teoria da aprendizagem social* e a *teoria cognitivo-desenvolvimental*. Todas se focam na primeira infância, isto é, até por volta dos 7 anos.[25]

Teoria psicodinâmica

As teorias psicodinâmicas, como a teoria psicanalítica de Sigmund Freud, se concentram nos impulsos inconscientes, no relacionamento da criança e nas primeiras experiências com os pais (ou cuidadores principais). O gênero é uma parte central da personalidade que se baseia na percepção da criança de sua anatomia e de sua identificação com o progenitor do mesmo sexo. O ponto crucial nesse desenvolvimento é a resolução do *complexo de Édipo* para os meninos e do *complexo de Electra* para as meninas.[26] Ambos envolvem a resolução de um desejo incestuoso pelo progenitor do sexo oposto e a competição com o progenitor do mesmo

25 Veja Basow (1992).

26 Freud gostava da mitologia grega.

sexo. As meninas veem o progenitor do mesmo sexo como responsável por sua perda de um pênis. Os meninos temem que seu pênis seja removido pelo progenitor do mesmo sexo. Esse antagonismo é resolvido de alguma maneira, e a criança se alinha com o progenitor do mesmo sexo. No caso dos meninos, o medo da perda do pênis é um conceito mais abstrato, o que significa que eles precisam trabalhar mais para lidar com a incerteza. No caso das meninas, a perda já é aparente. Nessa visão, o papel masculino é mais forte que o feminino. Não é difícil ver as três lentes de gênero em ação aqui.

Teoria da aprendizagem social

Em vez de uma base inata, inconsciente e biológica da identidade de gênero, a *teoria da aprendizagem social*[27] enfatiza o ambiente e as experiências de aprendizagem da criança. Segundo essa visão, os papéis de gênero são aprendidos por meio de uma mistura de observar o comportamento dos outros e da modelagem (imitação dos cuidadores do mesmo sexo). As crianças reconhecem os comportamentos diferenciais de meninos e meninas, de maneira geral, e o tratamento que lhes é dado pelos outros sob a forma de recompensas ou punições para ações apropriadas ou inapropriadas. As crianças também experimentam diferenças individuais no tratamento, que começa no nascimento, com manipulação física, escolhas de roupas e brinquedos e padrões de fala. Os comportamentos ligados ao gênero são observados desde o primeiro ano de vida. Por meio do condicionamento, os comportamentos recompensados de modo regular e consistente têm mais probabilidade de persistir, enquanto os comportamentos que são punidos tendem mais a desaparecer.

Embora a *teoria da aprendizagem social* ofereça alguma explicação de como interagem a modelagem e o reforço, ela tende a subestimar as diferenças individuais no desenvolvimento e nas reações dos outros como incoerências no reforço comportamental. Embora considere os fatores cognitivos, ela também subestima a ação das crianças e como elas ativa-

27 O teórico principal é o psicólogo Albert Bandura (n. 1925).

mente compreendem o mundo. Também não está claro como as crianças lidam com mensagens conflitantes em relação ao gênero.

Teoria cognitivo-desenvolvimental

Segundo a *teoria cognitivo-desenvolvimental*,[28] quando crianças, amadurecemos e experimentamos o mundo, reorganizando os processos mentais conforme progredimos por uma série de estágios de desenvolvimento. O desenvolvimento infantil atinge vários marcos, passando do simples para o complexo e do concreto para o abstrato, inclusive no desenvolvimento da linguagem. As crianças são agentes ativos na aquisição de papéis de gênero dentro dos estágios de desenvolvimento que permitem uma aquisição cada vez mais sofisticada de conceitos e linguagem. Conforme as crianças amadurecem, as discrepâncias entre seu conhecimento e suas experiências do ambiente fazem suas ideias mudarem. A aquisição da constância, da estabilidade e da consistência de gênero só pode acontecer quando uma criança atinge um certo nível de maturidade cognitiva.[29] Segundo essa visão, a identidade de gênero existe em diversos níveis, possivelmente desenvolvendo-se junto com a linguagem. Um tema forte que emerge da literatura é que os meninos, mais que as meninas, valorizam mais o próprio gênero.[30] Isso oferece algum apoio para a visão psicodinâmica de que os meninos precisam se esforçar mais.

De modo geral, a psicologia do gênero é revelada em áreas cinzentas, isto é, o relacionamento entre identidade e expressão, e como compreendemos as lacunas entre o sexo (biológico), o eu e o social. Para muitos, as lacunas de incompatibilidade podem ser estreitas ou até mesmo imperceptíveis; outros podem encontrar maneiras de se comportar e pensar para suprir a separação, e para outros, ainda, a separação pode parecer insuperável.

---

28 Os nomes principais são o psicólogo Jean Piaget (1896-1980) e o psicólogo Lawrence Kohlberg (1927-1987).

29 Isso não reconhece que transcender os binários poderia envolver níveis ainda mais altos de desenvolvimento cognitivo.

30 Veja Bussey & Perry (1982), citado em Basow (1992).

TRANSGÊNERO, IPSOGÊNERO, AGÊNERO, QUEER ETC. *VERSUS* CISGÊNERO

Quer surja do ativismo tradicional ou da teoria acadêmica, o léxico em expansão da terminologia da identidade de gênero pode ser desconcertante. Em 2014, depois de um exercício de consulta com as organizações de ativismo LGBTQI+, o Facebook, o gigante das redes sociais, ampliou o debate ao apresentar uma opção de gênero personalizada com cinquenta termos para seus usuários dos Estados Unidos e, depois, mais 21 para seu público no Reino Unido. Além de feminino e masculino, as novas opções incluíam variações de *trans*, *transgênero* e *transexual* como adjetivos para uma mulher, um homem e uma pessoa. Um conjunto de contrapartes não trans usava as palavras *cisgênero* ou *cis*. Havia também vários rótulos incluindo a palavra "gênero", como *gênero fluido*, *gênero não conformista*, *gênero variante*, *gênero neutro* e *queer*. Outros incluíam *não binário*, *poligênero* e *agênero*, além de *intersexo* e *dois-espíritos*. Em 2015, o Facebook expandiu seu sistema para oferecer um campo aberto (para quem usa o site em inglês), sinalizando o escopo ilimitado para expressão de gênero.[31] Porém, mesmo três anos depois da introdução inicial, os usuários só tinham duas caixas para marcar por quem eles estavam interessados: mulher ou homem!

Vamos agora esclarecer a terminologia pouco familiar (e a familiar) no compêndio do gênero.

Transgênero e transexual

Transgênero talvez seja o termo mais reconhecido para descrever as pessoas cuja identidade de gênero (ou expressão) é diferente daquela que normalmente se associa com seu sexo biológico e com seu gênero atribuído. Em inglês, o uso correto é como adjetivo, não como substantivo ("pes-

---

31 Para testar isso, agora estou listado como "gênero Gary". Declaradamente não cisgênero. Em algum ponto no contínuo trans/não binário entre questionando e queer. No provocativo *teste de aptidão de gênero* de Kate Borstein, eu fui "gênero marginal". Veja Borstein, L. (1998). *My Gender Workbook*. Londres: Routledge.

soas transgêneras", não "os transgêneros").[32,33] A abreviação trans é usada frequentemente, às vezes com um asterisco (trans*), como um termo guarda-chuva que inclui (mas não se limita a) transgênero, transexual e transformistas (anteriormente descritos como travestis). O asterisco tem sido foco de um debate acalorado.[34] Uma visão é que ele era usado como um sinal de inclusão de outras identidades de gênero não binárias, indivíduos questionando o gênero e não conformistas, entre eles os queer. Porém, recentemente, quando a sigla LGBT foi estendida para LGBTQQIAPP+, sugerir o "asterisco inclusivo" se tornou redundante.[35] Não há uma concordância universal em relação a quantos itens deveria haver na sequência para criar um quadro "bom o suficiente". A política de gênero e da sexualidade se tornou um campo de batalha de terminologia (visibilidade). Um termo guarda-chuva que incorpore todas as identidades e comunidades ainda está para ser encontrado e, mais importante, aceito por todos.

Transexual, um termo médico dos anos 1940, foi amplamente suplantado pelo termo mais inclusivo transgênero. Parte da insatisfação com o termo transexual é a possível confusão com a orientação sexual (isto é, comparável com heterossexual, homossexual e bissexual).[36] No entanto, algumas pessoas ainda usam o termo transexual. Para esclarecer, embora todas as pessoas transexuais sejam transgêneras, nem todos os transgêneros são transexuais. Segundo Kate Bornstein, a percepção

32 Veja: www.transequality.org/issues/resources/transgender-terminology. Acesso em: 31 maio 2017.

33 Em português, o termo está dicionarizado tanto como adjetivo quanto como substantivo [N.T.].

34 First International Conference on Transgender Law and Employment Policy (1992), panfleto. ICTLEP 1992. http://research.cristanwilliams.com/2012/03/19/1992-international-conference-on-transgender-law-and-employment-policy/. Acesso em: 31 maio 2017.

35 LGBTQQIAPP+ é a sigla para Lésbicas, Gays, Bissexuais, Trans, Queers, Questionando, Intersexo, Assexuais, Pansexuais, Polissexuais +, algumas vezes abreviada como LGBT ou LGBTQ+. Veja: Trans Student Educational Resources: https://transstudent.org/about/definitions/. Acesso em: 31 maio 2017.

36 Bevan, T. (2014). *The Psychobiology of Transsexualism and Transgenderism: A New View Based on Scientific Evidence*. Califórnia: Praeger.

comum de transgênero (quando as pessoas não sabem muito sobre o assunto) é de "mulheres e homens transgêneros identificados como binários".[37] O sociólogo Raewyn Connell descobriu que enquanto as histórias de transgêneros enfatizam principalmente a fluidez do gênero, as autobiografias de transexuais enfatizam principalmente a estabilidade de gênero.[38] Porém, as pessoas que se associam a um modelo binário de gênero ainda podem se descrever como transgêneras. Muitas vezes, as pessoas transgêneros são descritas como *pós-cirurgia* ou *pré-cirurgia* – outro binário. Bornstein inclui não cirurgia, reconhecendo que algumas pessoas vivem em uma identidade de gênero oposta ao sexo/gênero atribuído no nascimento, mas que "têm pouca ou nenhuma intenção de fazer uma cirurgia genital e/ou do tórax".[39]

Da perspectiva médica, a *disforia de gênero* substituiu o diagnóstico do *transtorno de identidade de gênero*. Isso tira a ênfase das percepções do indivíduo com transtorno e a leva para a angústia pessoal associada com a necessidade de lidar com os "fortes desejos de ser tratado como o outro gênero ou de se livrar das características sexuais individuais, ou uma forte convicção de que a pessoa tem sentimentos e reações típicos do outro gênero".[40] A frase "o outro gênero", não "*um outro* gênero", sugere que esse "diagnóstico" opera em um sistema de gênero binário.

Cisgênero (ou não trans)?

Até o final da década de 1990, não havia um termo complementar a transgênero, o mais próximo era gênero-normativo – um termo praticamente nada neutro. Para ir contra isso, o termo *cisgênero* emergiu em círculos acadêmicos e foi adotado pela revisão de terminologia de gênero do Facebook. Enquanto trans significa "cruzado, além, até o fim, fora de ou mudado completamente", cis significa "deste lado de". Assim, cisgênero

---

37 Bornstein, K. (2016). *Gender Outlaw: On Men, Women and the Rest of Us*. Nova York: Vintage, p. 85.

38 Connell, R. (2012). *Transsexual Women and Feminist Thought*, citado em Connell & Pearse (2015), p. 108.

39 Bornstein (2016), p. 86.

40 Gender Dysphoria, folheto (PDF) da American Psychiatric Association.

significa "tudo se alinha", isto é, sexo biológico, gênero atribuído, identidade de gênero e expressão de gênero. O educador e ativista de justiça social Sam Killerman descreve cisgênero como "uma substituição politicamente sensível para normal".[41] O *cisgenerismo* funciona como um termo na linha de *sexismo* e *heterossexismo* para articular uma ideologia geral de como as pessoas são valorizadas no sistema (binário) de gênero e sexo.

Não é de surpreender que o termo tenha seus críticos. Alguns têm questionado se esse é um conceito que "já teve sua época" mesmo antes de ter feito a transição dos círculos acadêmicos para o uso cotidiano.[42] Eu geralmente suspeito de classificações binárias em psicologia e argumento que elas deveriam, de modo mais preciso, ser expressas como um contínuo.[43] Mimi Marinucci, escritora na área de estudos das mulheres e de gênero, afirma que, para alguns indivíduos, isso é tão autoderrotista e tão perigoso quanto o antigo binário masculino-feminino. Ele parece agrupar pessoas lésbicas, gays e bissexuais na mesma categoria que pessoas heterossexuais, implicando que não existe incompatibilidade entre a experiência LGB e as expectativas socioculturais de gênero atribuído, identidade de gênero e expressão de gênero.[44] Também é questionável se cisgênero deveria ser aplicado automaticamente a todas as pessoas heterossexuais. Krista Scott-Dixon afirma que o termo "não trans" é mais claro para as pessoas comuns do que cisgênero e pode ajudar a normalizar as pessoas trans.[45] Isso muda a ênfase para trans na "oposição binária",

---

41 Sam Killerman citado em Steinmetz, K. (2014). *A Comprehensive Guide to Facebook's New Options for Gender Identity in Time Magazine*. Veja: http://techland.time.com/2014/02/14/a-comprehensive-guide-to-facebooks-new-options-for-gender-identity/. Acesso em: 31 maio 2017.

42 Veja Black, P. (2014). Will "Cisgender" Survive? *The Atlantic*. Veja: www.theatlantic.com/entertainment/archive/2014/09/cisgenders-linguistic-uphill-battle/380342/. Acesso em: 28 out. 2017.

43 Isso seria um par de *continua*, um para "não trans ↔ trans" e outro para "não cis ↔ cis". Sim, isso complica as coisas. Gênero é complicado. E muitos dos problemas associados com o gênero vêm de uma aderência rígida aos binários.

44 Veja Marinucci, M. (2010). *Feminism Is Queer: The Intimate Connection Between Queer and Feminist Theory*. Londres: Zed Books, pp. 125-126.

45 Veja Scott-Dixon, K. (2009). Public Health, Private Parts: A Feminist Public-Health Approach to Trans Issues. *Hypatia*, *24*(3), 33-55.

oferecendo um ponto de vista filosófico mais transcêntrico.[46] O estudioso trans intersexo Cary Gabriel Costello argumenta que o binário trans-cis desconsidera a vida e as experiências dos indivíduos com condições intersexo, alguns dos quais foram submetidos a cirurgia genital. Para resolver essa questão, Costello propõe o termo *ipsogênero* (ipso significa "no mesmo lugar") para pessoas com uma condição intersexo que se identificam com o sexo que lhes foi atribuído (pelos outros) no nascimento.[47]

O site Trans Student Educational Resources define cisgênero como "alguém que se identifica exclusivamente com o sexo atribuído no nascimento". Isso pareceria limitar um pouco o grupo potencial de candidatos.[48] Em declarações pessoais de gênero, segundo Killerman, optar por mulher cis ou homem cis em vez do "velho e simples" mulher ou homem sugere que a pessoa verificou todas as opções e escolheu o mais enfático cis.[49] Não é necessariamente possível saber se uma pessoa se identifica com "ipso", "trans" ou "cis" simplesmente olhando e, assim, é provavelmente melhor não presumir.

Então, e os outros rótulos que deixam de lado a visão binária?

Queer e outros termos não binários

A paisagem léxica está mudando rapidamente, e muitas pessoas têm rejeitado rótulos de gênero "prontos para uso" em favor de algo que lhes soe mais pessoal. Assim, quais são os temas amplos? Sam Killerman sugere, ironicamente, que existe uma escala deslizante que tem questionando e não conformista como rótulos "de entrada" e o mais explícito queer na outra extremidade.[50] O questionando não rejeita (necessariamente) o mo-

---

46 Ideia de oposições binárias hierarquizada do filósofo Jacques Derrida (1930-2004). Mudar a ênfase permite que perguntemos: "E se trans fosse a posição padrão e não a exceção?".

47 Veja Costello, C. G. (2015). *Cis Gender, Ipso Gender*. http://trans-fusion.blogspot.co.uk/2015/06/cis-gender-ipso-gender.html.

48 LGBTQ+, definições do site The Trans Student Educational Resources. Veja: www.transstudent.org/definitions. Acesso em: 26 out. 2017.

49 Sam Killerman citado em Steinmetz (2014).

50 Sam Killerman citado em Steinmetz (2014).

delo de gênero binário, enquanto o queer faz isso muito enfaticamente. Não binário muitas vezes é usado como um termo geral, coletivo, para as posições de gênero que resistem à visão binária tradicional, como o não conformista. Ambos, em certo grau, são definidos pela coisa a que se opõem. Em contraste, o queer tem a rebelião como padrão e, assim, oferece um novo paradigma para o gênero. Algumas vezes é usado como um termo guarda-chuva para gêneros não binários, mas o uso de "queer" é considerado ofensivo demais por algumas pessoas.

Gênero binário **Questionando** **Queer**

←——————————————→

Gênero fluido enfatiza adaptabilidade, descrevendo uma pessoa que "segue o fluxo" e cujo gênero pode variar com o tempo e segundo as circunstâncias, algumas vezes se identificando como uma das opções binárias, outras vezes com uma identidade não binária ou uma combinação. *Poligênero* e *multigênero* afirmam similarmente que gênero é "algo com muitas facetas".

Agênero, literalmente "sem gênero", pode significar alguém que não se identifica com um gênero específico ou então que não considera o gênero algo de importância central na sua vida (embora isso não necessariamente signifique assexual). *Neutrois* é um rótulo amplo para "gênero neutro", que pode significar coisas diferentes para pessoas diferentes, como agênero, nem um/nem outro, sem gênero e assim por diante. Andrógino (formado com "andro" para homem e "gino" para mulher) é usado por pessoas que se consideram psicologicamente tanto masculinas quanto femininas. Tudo isso só arranha a superfície. Se estiver em dúvida, como com qualquer rótulo de gênero, pergunte às pessoas o que isso significa para elas.

Como acontece com qualquer rótulo de gênero, existe uma lacuna (ou tensão) entre a autenticidade pessoal e o conformismo social, e entre autoidentificação e imposição externa. O mesmo acontece com a sexualidade e, sem levar isso em consideração, nossa visão da paisagem de gênero não estaria completa.

SEXUALIDADE, RELAÇÃO SEXUAL E PAPÉIS SEXUAIS E DE GÊNERO

Muitos escritores estabelecem uma ligação entre o modo como nos relacionamos sexualmente (sexualidade) e identidade de gênero. A antropóloga cultural Gayle Rubin categoriza o sexo como um *Círculo Encantado versus* os *Limites Externos*, isto é, o que é considerado "bom, normal, natural e abençoado" *versus* o que é considerado "ruim, anormal, não natural e maldito".[51] Rubin afirma que o sexo é validado segundo uma série de binários interconectados, incluindo se é heterossexual ou homossexual, procriativo *versus* recreacional, casado *versus* não casado, monógamo *versus* poliamoroso (promíscuo) e assim por diante. A sexualidade no Círculo Encantado começa com um homem e uma mulher. Na plataforma do gênero binário, a opção padrão para a sexualidade é a heterossexualidade, isto é, atração e comportamento sexuais entre adultos de "sexo oposto". Hetero significa "diferente", e isso implica uma diferença ou complementaridade nos genitais, isto é, nos termos mais básicos, sexo "vagina/pênis". A heterossexualidade se baseia no que Judith Butler descreve como "a produção de oposições discretas e assimétricas entre 'feminino' e 'masculino'".[52] A distinção hetero/homo também representa um "desvio" de gênero (mas ainda mais para os homens). Segundo Michael Warner em *The Trouble with Normal*, a heterossexualidade é mais do que apenas o comportamento e a atração sexuais entre adultos com genitais diferentes. É o nome para todo um pacote de suposições que visam reduzir a enorme variedade da capacidade e da experiência humanas a um consenso previsível de resultados.[53] Uma dessas suposições reduz o sexo lésbico a preli-

---

51 Parece um título ruim para um faroeste spaghetti! Rubin (1993) citada em Wood, G. W. (2000b). *Intolerance on Ambiguity, Gender Stereotypes and Attitudes to Sexuality*. (Tese de doutorado). The British Library.

52 Butler (1990), p. 17.

53 Warner, M. (2000). *The Trouble with Normal: Sex, Politics and the Ethics of Queer Life*. Cambridge, MA: Harvard University Press.

minares heterossexuais.[54] Segundo Kate Bornstein, masculinidade e heterossexualidade são os principais fatores para definir o "gênero perfeito".[55]

Em uma série de experimentos (incluindo atitudes em relação ao corpo, como mencionado antes), descobri evidências para esses *insights* teóricos. Os resultados demonstraram que os homens heterossexuais eram considerados mais masculinos, e que as mulheres heterossexuais eram consideradas mais femininas, do que seus correspondentes gays e lésbicas. Analisando mais a fundo, os homens gays e as mulheres lésbicas eram considerados com índices mais elevados em uma medida de não conformidade de gênero do que seus correspondentes heterossexuais. As diferenças eram até mais marcantes na amostra de participantes masculinos. De modo geral, os resultados indicaram que a homofobia é em parte uma função de atitudes diante da não conformidade do papel de gênero e está relacionada ao sexismo.

Desafiando a visão binária, nas décadas de 1940 e 1950, Alfred Kinsey e colegas propuseram um modelo da sexualidade expressa como um contínuo. Embora sejam livros acadêmicos, os dois volumes escritos por Kinsey sobre o comportamento sexual tornaram-se *best-sellers* e foram uma sensação entre o público da época. Em vez de um modelo de "preferência genital binária", Kinsey ofereceu duas escalas de sete pontos, uma para expressar o comportamento sexual e uma para a atração sexual:

0_______1_______2_______3_______4_______5_______6

Heterossexual ← **Bissexual** **→ Homossexual**

Um índice Kinsey zero representa nenhum comportamento análogo ao mesmo sexo ou nenhuma atração por ele, e um índice Kinsey seis representa apenas comportamento análogo ao mesmo sexo e atração por ele. Notavelmente, existem cinco tons de bissexualidade nesse intervalo (um a cinco na escala). Separar a atração e o comportamento torna menos

---

54 Kitzinger & Kitzinger (1993) citado em Russo, A. (2001). *Taking Back Our Lives: A Call to Action for the Feminist Movement*. Londres: Routledge.

55 Bornstein, K. (2013). *My New Gender Workbook: A Step-by-Step Guide to Achieving World Peace Through Gender Anarchy and Sex Positivity*. Londres: Routledge.

inevitáveis identidades sexuais absolutas de "tudo ou nada". As pesquisas mais recentes apoiam a visão de que, embora relacionados, o comportamento e a atração não estão perfeitamente correlacionados. Examinando três amostras nacionais (Estados Unidos, Reino Unido e França), um estudo descobriu que entre 2,1% e 3,6% das mulheres relataram ter alguma experiência com o mesmo sexo, e entre 17,8% e 18,5% relataram ter relações sexuais com pessoas do mesmo sexo *ou* sentir atração por elas.

No caso dos homens, entre 4,5% e 10,7% tiveram algum tipo de experiência com comportamento do mesmo sexo, e entre 16,3% e 20,8% tinham experimentado comportamento do mesmo sexo *ou* atração por ele.[56] Pode-se afirmar que atração sexual tem mais a ver com expressão de gênero, enquanto comportamento sexual é apenas a expressão genital. É provável que possamos ser atraídos por alguém *apesar* da genitália, não por causa dela. No esquema de Kinsey, a bissexualidade é mais inteligível do que menosprezada como transitória, confusa ou ambiciosa, a partir da visão binária.

Embora os *insights* de Kinsey tenham dado o salto da academia para a imaginação popular, hoje o contínuo de Kinsey ainda é corrente principalmente nos círculos acadêmicos. Na vida cotidiana e na imaginação da psicologia popular, o modelo binário continua a dominar.

CONCLUSÕES

Neste capítulo, consideramos a relação entre sexo e gênero, especialmente a noção de que o gênero é indicado em uma linha incontestável entre os sexos. Examinamos o sexo biológico e descobrimos que não é uma imagem precisa do que acontece na realidade. No nível dos cromossomos, hormônios e genitais, a natureza não lida com absolutos. Existem vários pontos de variação a partir do tema binário e áreas de superposição

56 Veja Sell, R. L., Wells, J. A., & Wypij, D. (1995). The Prevalence of Homosexual Behaviour and Attraction in the United States, the United Kingdom and France: Results of National Population-Based Samples. *Archives of Sexual Behaviour*, *24*, 235-248.

em vez de categorias discretas. Em vez de construtos rígidos e definidos, temos "aproximações confusas" e áreas de ambiguidade. Com uma base menos segura, o gênero também está sujeito a vários pontos de variação e interpretação. A explosão dos rótulos de autoidentificação sugere que o gênero está mudando de uma identidade social para uma social *e* pessoal.

O Capítulo 3 considera, em maior profundidade, os mecanismos pelos quais compreendemos sexo, gênero e vida como um todo e examina especificamente as explicações psicológicas para os motivos pelos quais somos atraídos pelas classificações binárias. Examinamos um quarto modelo de desenvolvimento (teoria do esquema) alinhado de perto com o desenvolvimento dos estereótipos de gênero. O capítulo também aborda as suposições ocultas associadas a esses estereótipos e testa a validade deles, examinando as diferenças de sexo (gênero), tanto físicas quanto psicológicas, em pesquisa.

3

ESTEREÓTIPOS DE GÊNERO E DIFERENÇAS SEXUAIS

A premissa da "inevitabilidade biológica" leva a um senso de autenticidade, naturalidade ou "realidade" dos padrões de gênero. Podemos até mesmo considerar alguns indivíduos como "totalmente homem" ou "totalmente mulher". Esses retratos idealizados são conhecidos como os *estereótipos de papel de gênero* – aparentemente descritivos, mas muitas vezes prescritivos. Esses ideais formam a base de muitos livros *best-sellers* de psicologia popular sobre relacionamentos. Este capítulo considera alguns dos mecanismos psicológicos (teoria de esquema e atitudes) que empregamos para criar e manter os estereótipos de papel de gênero. Isso ajuda a explicar por que as categorias em preto e branco são tão atraentes. A seguir examinamos as descobertas de pesquisa sobre diferenças de gênero psicológico para verificar se estamos a mundos de distância ou se estamos todos de acordo. Finalmente, o capítulo cria o contexto para discutir alternativas à abordagem binária de gênero (mais adiante no livro) considerando o conceito de androginia.

COMPREENDENDO O MUNDO

Dois conceitos psicológicos que se superpõem ajudam a entender como organizamos nosso conhecimento de nós mesmos, dos outros e do mundo: *esquemas* e *atitudes*. Eles podem ser pensados como uma forma de software do computador humano – procedimentos-chave no sistema operacional do nosso cérebro.

Teoria do esquema

Em um ambiente em rápida mudança, é impossível processar o tempo todo todas as partículas de informação que caem sobre nós a cada minuto em que estamos acordados todos os dias. Nosso cérebro (e nossa cabeça) precisaria ser enorme para acomodar a carga cognitiva ampliada. Então, como o nosso cérebro lida com isso?

Temos uma necessidade de criar um mundo ordenável com regras governáveis. Para conseguir isso, nosso cérebro buscador de padrões emprega várias rotinas e atalhos "práticos" (heurísticos). Muitas situações, especialmente as familiares, não precisam de análise sofisticada, só de respostas automáticas. Um *esquema* é uma estrutura mental de ideias preconcebidas que representam algum aspecto o mundo – um tipo de "*app* cerebral". Quando crianças, nós construímos ativamente uma série de esquemas baseados em interações sociais, experiências e observações. Isso tudo fornece estruturas para organizar o conhecimento existente e moldar as novas experiências. Eles concentram nossa atenção, filtram nossas percepções, moldam memórias e ligam as lacunas em nosso conhecimento com os valores-padrão mais prováveis. Os esquemas nos ajudam a antecipar e prever os eventos prováveis, avaliar ameaças, tomar decisões e regular os comportamentos.[1] Desenvolvemos esquemas sobre categorias de informação, situações ou eventos específicos (como ir a um restaurante), como as coisas funcionam (por exemplo, carros, computadores etc.), na

---

1 Martin & Halverson (1981) citado em Stainton-Rogers, W., & Stainton-Rogers, R. (2001). *The Psychology of Gender and Sexuality*. Buckingham: Open University Press.

verdade sobre quase tudo, inclusive nós mesmos, outras pessoas e papéis sociais (inclusive gênero).

A psicóloga social Sandra Bem sustenta que as informações sobre gênero são passadas e mantidas dentro da sociedade por meio de esquemas que começam na infância. A *teoria do esquema de gênero* é baseada em elementos de aprendizagem social e teorias cognitivo-desenvolvimentais (do Capítulo 2). Os esquemas de gênero incluem modelos culturais de masculinidade e feminilidade, como nós e os outros nos adaptamos e como reconhecemos homens e mulheres "reais". Os esquemas fazem mais do que apenas influenciar experiências cotidianas; eles também moldam toda a nossa visão de mundo e as nossas escolhas de vida. Contudo, as vantagens do processamento têm um custo, e manter nossos esquemas é um ato de equilíbrio. Quando uma nova informação conflita com nossos esquemas, ela produz um estado desagradável de desequilíbrio[2] (um estado de fluxo ou incerteza) que somos motivados a reduzir. Os esquemas podem ampliar alguns estímulos e reduzir outros, mais frequentemente concentrando-se em coisas que se encaixam. Isso os torna resistentes à mudança, mesmo diante de evidências conflitantes. Muitas vezes, seus "valores-padrão, melhores palpites" substituem, reinterpretam ou distorcem as novas informações. Por exemplo, pesquisas mostraram que as crianças cujos esquemas de gênero são bem-desenvolvidos tendem a lembrar de imagens de homens e mulheres atuando de maneiras estereotipadas e tradicionais de gênero mais do que de imagens não estereotipadas. A lembrança de imagens também é distorcida para se adaptar ao estereótipo; por exemplo, uma imagem de um homem passando roupa é lembrada como a de uma mulher passando roupa.[3]

É comum perguntar o gênero de um bebê antes de interagir com ele, se não houver sinais óbvios. O simples código de cor (rosa ou azul) é suficiente para desencadear nossos esquemas de "menininha delicada" ou "garotão forte". Em um experimento de psicologia, foi pedido aos adultos que avaliassem o comportamento emocional de bebês de nove meses. Observando a criança com um "palhaço na caixa", os adultos re-

2 Um estado de fluxo ou incerteza.

3 Stangor & Ruble (1987) citado em Stainton-Rogers & Stainton-Rogers (2001).

lataram emoções diferentes dependendo da percepção de gênero (medo para meninas e raiva para meninos). Outros pesquisadores encontraram um padrão similar quando observaram adultos interagindo com crianças de 14 meses. Quando uma criança era apresentada como menino, os adultos escolhiam brinquedos e incentivavam mais atividade física. Por outro lado, quando apresentada como menina, as interações com a criança eram mais verbais e carinhosas.[4] O mesmo bebê, esquemas diferentes.

Considerar o tópico psicológico de atitudes relacionado ajuda a explicar as diferenças individuais no processamento de informações.

A função das atitudes

Atitude literalmente significa "preparado e pronto para a ação". As atitudes são blocos de partida, o "em suas marcas, preparar" antes de partir. É útil para essa discussão pensar nas atitudes como os direcionadores para os esquemas (pois existe um cruzamento entre eles). O psicólogo Elliot Katz afirma que as atitudes têm quatro funções principais, mais bem consideradas como quatro aspectos de um processo interativo.[5] Considere cada uma delas no contexto dos papéis de gênero.

No nível mais básico, as atitudes têm uma *função instrumental* de avaliar nossos gostos e desgostos e categorizar amplamente as coisas como boas/ruins, positivas/negativas, apropriadas/inapropriadas, masculinas/femininas, úteis/inúteis e assim por diante. Dessa maneira, as atitudes nos ajudam a maximizar os ganhos e minimizar as perdas conforme somos atraídos para as coisas que nos beneficiam e repelidos pelas coisas que nos trazem desvantagens. Em segundo lugar, as atitudes têm uma *função de conhecimento* que nos ajuda a organizar e estruturar informações e percepções sobre o mundo. Nossas atitudes mudam quando confrontadas com evidências contrárias em grande volume, e assim alteramos nosso quadro de referência (esquemas). Em terceiro lugar, elas fornecem uma *função de*

---

4 Condry & Condry (1976) e Frisch (1977) citados em Gross, R. (1992). *Psychology: The Science of Mind and Behaviour*. Londres: Hodder Arnold.

5 Katz, D. (1960). The Functional Approach to the Study of Attitudes. *Public Opinion Quarterly*, *24*, 163-204.

expressão, isto é, reforçam nossa autoimagem, nosso senso de quem somos (inclusive nossa identidade de gênero) e os valores que representamos. A quarta função delas é *defesa do ego*. Isto é, elas nos ajudam a manter nosso senso de eu e nos protegem de verdades desconfortáveis e das realidades mais duras da vida, como não corresponder aos ideais de gêneros.

Esquemas e atitudes estão implicados na criação de estereótipos, que vamos abordar depois. Antes disso, vamos examinar o pensamento binário, um tema-chave que permeia todas as discussões de gênero e sexualidade.

PENSAMENTO BINÁRIO

Como diz o ditado: "existem dois tipos de pessoas neste mundo: as que acreditam que o mundo pode ser dividido em categorias binárias e as que não acreditam". O pensamento binário é importante para organizar pensamentos e conceitos. Ele é a opção padrão de processamento quando estamos sujeitos ao estresse. Não temos tempo para processar as nuances porque precisamos lidar rapidamente com ameaça ou não ameaça, fuga ou luta.[6] Em nível cultural, usamos leis filosóficas que atuam como um metaprograma para organizar o conhecimento.[7]

Leis do pensamento (ocidental)

Ao classificar gênero e sexualidade, ou qualquer situação em que definimos uma identidade, como em times esportivos, três leis de pensamento entram em jogo:

1. *A lei da identidade*, que afirma: o que é, é.
2. *A lei da contradição*, que diz: nada pode ser e não ser ao mesmo tempo.

---

6 Em Wood, G. (2013). *Unlock Your Confidence. Find the Keys to Lasting Change Through the Confidence-Karma Method*. Londres: Watkins Publishing, eu afirmo que o relaxamento é a base da confiança.

7 Russell, R. (1959). *The Problems of Philosophy*. Oxford: Oxford University Press.

3. *A lei do meio excluído*, que afirma: tudo precisa ou ser ou não ser.

Em resumo, criamos rótulos, definimos suas características e seus comportamentos e excluímos tudo que seja ambíguo ou não se ajuste.[8] Com o colonialismo e o imperialismo, essas leis se estenderam praticamente por todo o globo, e isso também aconteceu com o modelo binário de gênero.[9] As lentes de gênero do essencialismo biológico e a polaridade de gênero operam de acordo com essas leis. Nas discussões de sexo e gênero, a lei do meio excluído é crucial. As pessoas LGBTQI+: (às vezes escrito como "LGBTIQ+") ocupam essas áreas cinzentas. Examinar essas leis e lentes torna mais inteligíveis as atitudes negativas diante da "alteridade". A bifobia tem sido descrita como "o medo do espaço entre as nossas categorias".[10]

Intolerância da ambiguidade e a necessidade pessoal de estrutura

Depois da Segunda Guerra Mundial, a necessidade de entender como o fascismo pôde se manter com consequências tão desastrosas motivou Theodore Adorno e colegas a pesquisarem a *personalidade autoritária*. Essa pesquisa rendeu diversas medidas psicométricas, inclusive a *intolerância à ambiguidade* (IA). Pontuações altas em IA indicam pessoas com uma preferência marcante por categorias em preto e branco. A alta intolerância à ambiguidade está relacionada a atitudes negativas em relação à

---

8 Existe uma cena no filme clássico *Os irmãos Cara de Pau* em que a banda, tendo de fazer qualquer apresentação que pudesse conseguir, chega em um local e pergunta: "Que tipo de música vocês têm aqui?". O dono responde com orgulho: "Os dois tipos! Country E Western". Durante toda a noite, o repertório da banda foi formado por repetições da música tema de *Couro cru* (série de cowboy de TV dos anos 1960 [título original: *Rawhide*]) e da música *Stand by Your Man*, de Tammy Wynnette. Trilha sonora perfeita para estereótipos de gênero.

9 Bleys, R. C. (1995). *Geography of Perversion*. Londres: Continuum International.

10 Ochs, R., & Deihl, M. (1992). Moving Beyond Binary Thinking. In W. Blumenfeld (ed.), *Homophobia: How We All Pay the Price*. Boston: Beacon Press, p. 69.

não conformidade de gênero e atitudes negativas diante da homossexualidade. Um conceito similar, a *necessidade pessoal de estrutura* (PNS, na sigla em inglês), também mede a necessidade de simplicidade cognitiva e comportamental. Pontuações altas de PNS são preditores significativos de atitudes negativas em relação a lésbicas e gays. De uma perspectiva puramente cognitiva, para as pessoas com uma necessidade intensa de estrutura, as pessoas LGBTQI+ só "complicam demais as coisas".[11]

O psicólogo social Gordon Allport argumenta que o preconceito (ou seja, o "julgamento prévio") representa, em parte, uma necessidade cognitiva maior de usar dicotomias "ou/ou" (binárias). Apegar-se a hábitos experimentados e testados e, quando possível, acolher o familiar, simples e definido (e por isso seguro) satisfaz essa necessidade. Allport afirma que crianças preconceituosas têm mais probabilidade (do que as crianças não preconceituosas) de ter a visão de que as pessoas podem ser divididas em dois tipos: "as fracas e as fortes". Adultos demonstram tendências similares: homens com preconceito racial afirmam que existem apenas dois tipos de mulheres: "as puras e as ruins".[12]

Tudo isso nos dá uma plataforma com a qual podemos examinar os estereótipos de papel de gênero.

ESTEREÓTIPOS, PSICOLOGIA POPULAR E GÊNERO

Estereótipos são pacotes de conhecimento que contêm conjuntos esquematizados de atitudes, crenças e generalizações (excessivas) sobre as características, os traços psicológicos e os comportamentos de um grupo ou uma classe de indivíduos. No caso do gênero, eles incorporam ideias do que significa ser um homem "de verdade" ou uma mulher "de verdade". Ao aplicar essas ideias a pessoas, eles fornecem esboços rápidos para ajudar a simplificar o mundo social e prever determinados comportamentos. Geralmente, estereótipos têm conotações negativas, e o principal lado

11 Citado em Wood, G. W. (2000). The Achilles Hole: Gender Boundary Maintenance and the Anus. *Psychology of Women Review*, *2*(2), 26-40.

12 Allport, G. (1950). *The Nature of Prejudice*. Nova York: Basic Books.

negativo é que eles criam uma tendência a "encaixar as pessoas em um modelo", ou seja, interagimos com o estereótipo em vez de interagir com a pessoa diante de nós.[13] Os estereótipos também imprimem uma mentalidade tribal de "nós e eles" no mundo social. Pesquisas mostram que precisamos de surpreendentemente pouco para formar um compromisso com um grupo. Em um experimento, as crianças foram direcionadas a um grupo vermelho ou a um grupo azul (com camisetas das respectivas cores). Os pesquisadores descobriram que mesmo a alocação a uma condição controlada (sem reforço dos méritos da associação ao grupo) era suficiente para criar um viés na escolha das crianças quanto a brinquedos e colegas de brincadeiras.[14] É ainda mais provável que um grupo baseado em diferenças anatômicas – com toda uma vida de reforço – forme um senso de lealdade ao grupo.

Na terminologia da psicologia popular, ouvimos sobre homens "entrando em contato com seu lado feminino", sugerindo que emoções, traços e habilidades podem ser claramente divididos em grupos de masculinidade e feminilidade. Os traços de caráter masculino situam-se ao redor do traço principal da competência. No caso das mulheres, o traço central é cuidar.[15] Essa tendência não é específica ao gênero. É um fenômeno reconhecido na psicologia social e conhecido como o *efeito halo*. É parte do nosso esquema "deduza uma personalidade". Com um traço, nós "adivinhamos" um perfil psicológico mais completo. Em um experimento clássico (do psicólogo social Solomon Asch), dois grupos de participantes receberam uma lista de traços descrevendo uma pessoa fictícia. As listas só diferiam em um traço: um grupo tinha "caloroso" e o outro tinha "frio". Quando lhes pediram para indicar, em uma segunda lista, quais palavras descreviam melhor a pessoa, o grupo do "traço caloroso"

---

13 Veja Goldstein, E. B. (2011). *Cognitive Psychology: Connecting Mind, Research, and Everyday Experience*. Austrália: Wadsworth Cengage Learning.

14 Bigler, R. S., & Liben, L. S. (2007) citado em Fine, C. (2010). *Delusions of Gender: The Real Science Behind Sex Differences*. Londres: Icon Books.

15 Bakan (1966) e Williams & Best (1990), ambos citados em Basow, S. A. (1992). *Gender Stereotypes and Roles*, 3. ed. Pacific Grove: Brooks/Cole, p. 4.

escolheu generoso, bem-humorado, sociável e popular, enquanto o grupo do "traço frio" escolheu os opostos.[16]

Os livros de psicologia popular aderem de perto a estereótipos de papel de gênero, o que explica o interesse geral por eles, pois "entretêm" com humor e familiaridade tranquilizadora. Os estereótipos (como os esquemas) têm seu próprio sistema de filtro "autorrealizador". Isso significa que contêm um "conjunto" de informações de fatos, meias-verdades, conhecimento comum, mitos, fofocas, propaganda e sensacionalismo de tabloides. As descobertas das pesquisas, quando incorporadas, tanto em estereótipos quanto em livros de psicologia popular, geralmente são de autoatendimento. Elas são sempre usadas sem crítica ou seletivamente, ou muitas vezes estão desatualizadas.[17] Por exemplo, a distinção "cérebro direito/cérebro esquerdo" da psicologia popular baseia-se em pesquisas de 1968 e do início da década de 1970. Claramente, a neurociência não parou por cinquenta anos. Primeiro, a terminologia simplista "dois cérebros" é enganosa. Nós temos um cérebro com dois hemisférios, com alguma especialização, mas com interação extensa. As pesquisas mais recentes, usando ressonância magnética (RM), não encontraram evidências nítidas de tipos cerebrais lateralizados.[18] Porém, isso não rende manchetes que chamem a atenção. O mesmo se aplica à pesquisa de gênero. Na mídia popular, a teoria e as pesquisas de ponta são deixadas de lado em favor de assuntos estereotipados e "facilmente digestíveis". A pesquisa baseada

---

16 Asch (1946) citado em Gross (1992). *Psychology: The Science of Mind and Behaviour*. Londres: Hodder Arnold.

17 A coisa de cérebro direito *versus* cérebro esquerdo baseia-se em pesquisas de cinquenta anos atrás (isto é, Sperry, R. W. (1968). Hemisphere Deconnection and Unity in Conscious Awareness. *American Psychologist*, *23*(10), 723). Existe alguma especialização de função em cada um dos hemisférios do cérebro, mas as pesquisas recentes demonstram que não existe uma divisão binária.

18 Nielsen, J. A., Zielinski, B. A., Ferguson, M. A., Lainhart, J. E., & Anderson, J. S. (2013). An Evaluation of the Left-Brain vs. Right-Brain Hypothesis With Resting State Functional Connectivity Magnetic Resonance Imaging. *PLoS ONE*, 8(8), e71275. https://doi.org/10.1371/journal.pone.0071275. Acesso em: 30 jun. 2017.

em evidências que vai contra a "guerra dos sexos" é muitas vezes ridicularizada e desconsiderada como o "politicamente correto enlouquecido".

A academia não é imune à sedução dos estereótipos. No capítulo anterior, vimos como as lentes do gênero distorcem nossa visão do corpo humano. Em *The Egg and the Sperm*, Emily Martin afirma que a ciência "construiu um romance" com base nos estereótipos de papel de gênero para explicar o processo reprodutivo.[19] Os relatos muitas vezes transmitem a impressão de que os processos biológicos femininos têm menos valor que os processos masculinos. A produção de óvulos muitas vezes é descrita como um "desperdício", mas a superprodução de esperma muitas vezes é ignorada. Os processos masculinos são descritos como ativos, agentes, fortes e eficientes. Em comparação, o óvulo é expelido ou descartado ou é levado passivamente. Segundo Martin, foi apenas em meados da década de 1980 que os biólogos revisaram a visão do esperma como um penetrador ativo, descobrindo que seu impulso é relativamente fraco e que sua tendência mais forte é se afastar do óvulo. No entanto, o esperma ainda é descrito como um agente que ataca ou penetra, só com um pouco menos de força. Só no final da década de 1980 foi que o óvulo passou a ser visto como tendo um papel mais ativo e a ser considerado como um pegador agressivo de esperma para compensar o impulso insuficiente do esperma.[20] Embora o óvulo e o esperma sejam parceiros – o processo é mais parecido com construir pontes do que travar batalhas –, o modelo de dominação e submissão ainda prevalece na imaginação popular. Ao ver o esperma e o óvulo através das lentes do gênero, eles são dotados com identidades sociais inexistentes (desiguais).

Na próxima seção, consideramos as características que definem os estereótipos de gênero e suas implicações.

---

19 Martin, E. (1991). The Egg and the Sperm: How Science Has Constructed a Romance Based on Stereotypical Male-Female Roles. *Signs*, *16*(3), 485-501.

20 Isso lembra relatos de sexualidade feminina perigosa – sereias atraindo infelizes marinheiros para o infortúnio.

O PADRÃO OURO: MULHERES DE VERDADES E HOMENS DE VERDADE

O que significa ser um "homem de verdade" ou uma "mulher de verdade"? Existe um padrão ouro de uma era de ouro? Aqui consideramos duas matrizes de gênero, uma para a feminilidade e outra para a masculinidade. Ambas enfatizam a conformidade a indicadores externos e a supressão das diferenças individuais.

O culto da feminilidade

Na década de 1960, Barbara Welter cunhou o termo "o culto da feminilidade".[21] Com base na análise do novo papel criado para as mulheres brancas de classe média e alta durante meados do século XIX, esses instantâneos históricos ainda dão forma aos livros de psicologia popular hoje. Welter oferece quatro virtudes cardinais: *piedade, pureza, submissão* e *domesticidade*. Os temas abrangentes são que as mulheres devem ser cooperativas, introvertidas e orientadas para relacionamentos. Todos cultivam sentimentos de culpa.

Piedade em um sentido não religioso significa que as mulheres são vistas como mais diligentes e com um padrão moral mais alto do que o dos homens. Consequentemente, existe um julgamento mais duro para uma mulher que deixa seus filhos do que para um homem que faz o mesmo. Coloquialmente, mães são descritas como "santas", colocando as necessidades dos outros antes das suas próprias.

Pureza no sentido sexual significa que a mulher promíscua está sujeita a mais desprezo do que o homem promíscuo (o padrão duplo do homem de sangue forte *versus* a "garota não muito legal"). Existem também pressões mais fortes sobre as mulheres (notavelmente vindas de revistas) com receitas infinitas para manter a pureza do templo do corpo.

A virtude da submissão significa deferência à autoridade dos homens. Enquanto os homens assertivos são "batalhadores", as mulheres

21 Welter (1966) citado em Basow, S. A. (1992). *Gender Stereotypes and Roles*, 3. ed. Pacific Grove: Brooks/Cole.

assertivas são descritas como "mulheres que odeiam os homens" ou "vadias completas" (ou pior) e acusadas de atacar a masculinidade dos homens. Ajustando-se a um mundo centrado nos homens, afirma-se que os objetivos das mulheres são mais bem atingidos por meio dos "truques femininos" e por massagear os egos dos homens. Algumas palavras são esquemas (de gênero) em si mesmas. Considere a definição de "vagina", literalmente uma bainha para uma espada. Isso sugere que o papel sexual de uma mulher é definido em termos da função (passiva e utilitária) que serve para os homens. Um exemplo perturbador disso pode ser visto em *Marte e Vênus no quarto*, de John Gray, que tem o único propósito de criar as condições corretas para garantir que o coito faça os homens serem "teleportados para fora do domínio seco de sua indiferença intelectual até as cavernas úmidas de sensação sensual e sensível".[22] Segundo a acadêmica de estudos culturais Annie Potts, o sentimento de culpa para as mulheres é o fato de que a "negação de sexo para os homens . . . se torna equivalente à negação da existência para os homens".[23] Em *A mulher eunuco*, a feminista e estudiosa Germaine Greer argumenta que as mulheres são forçadas a assumir papéis submissos na sociedade para concretizar fantasias masculinas do que significa ser uma mulher.[24] Em resumo, em termos estereotipados, *os homens pressionam; as mulheres cedem*.

Domesticidade e feminilidade estão inextrincavelmente ligadas no arquétipo da deusa doméstica. As mulheres ainda são responsáveis pela maior parte das obrigações domésticas em um relacionamento homem-mulher mesmo quando ambos têm um emprego em período integral.[25] Mesmo em relacionamentos de pessoas do mesmo sexo baseados em um

---

22 Gray, J. (1995). *Mars and Venus in the Bedroom: A Guide to Lasting Romance and Passion*. Nova York: Harper Collins, p. 29. [*Marte e Vênus no quarto: um guia para preservar o romance e a paixão*. Rio de Janeiro: Rocco, 1998.]

23 Veja a página 158 de Potts, A. (1998). The Science/Fiction of Sex: John Gray's Mars and Venus in the Bedroom. *Sexualities*, *1*, 153-173.

24 Greer, G. (2006). *The Female Eunuch*. Londres: Harper Perennial. [*A mulher eunuco*. São Paulo: Círculo do Livro, 1970.]

25 Connell, R., & Pearse, R. (2015). *Gender: In World Perspective*. Cambridge: Polity Press. [*Gênero: uma perspectiva global*. São Paulo: nVersos, 2015.]

modelo heterossexual, o parceiro (supostamente) mais feminino cuida das obrigações domésticas.[26]

O culto da feminilidade também tem a ver com o pessoal; em comparação, o estereótipo de gênero masculino tem a ver com o posicional.

Os pilares cardinais da condição masculina

Na década de 1970, Richard Brannon propôs as quatro aspirações cardinais da masculinidade, que têm sido menos resistentes à mudança que as virtudes da feminilidade. Eles são:

1. *Nada de coisas de menininha* – a necessidade de ser diferente das mulheres.
2. *A grande roda* – a necessidade de ser superior aos outros.
3. *O carvalho resistente* – a necessidade de ser autoconfiante e independente.
4. *Dar trabalho a eles* – a necessidade de ser mais poderoso que os outros.

O tema "nada de coisas de menininha" é mais do que antifeminilidade; especificamente, é antiafeminação, enfatizando as conexões entre misoginia e homofobia. Homofobia não é só preconceito com um comportamento do mesmo sexo; ela também serve para policiar a masculinidade em geral. Os homens de verdade devem ser livres (sem ambiguidade) de qualquer sinal "do outro". Afeminação é ruim, bem literalmente. A palavra vem de "*baedling*" que significa "homem com jeito de mulher". Assim, enquanto os "homens de verdade" podem ser levados, às vezes, a entrar em contato com seu lado feminino, eles provavelmente não vão se vangloriar de entrar em contato com seu lado gay. Além disso, considere a palavra supostamente neutra "homossexual" –

---

26 American Sociological Association (21 ago. 2016). Sex and Gender More Important than Income in Determining Views on Division of Chores. *Science-Daily*. Veja: www.sciencedaily.com/releases/2016/08/160821093100.htm. Acesso em: 25 out. 2017.

cunhada na era do motor a vapor –, originalmente um diagnóstico médico para uma forma de impotência (literalmente "perda de poder") que deixava o acometido com medo do sexo oposto. Consequentemente, os homens homossexuais eram considerados incapazes de resistir à dominação dos homens de verdade.[27] Foi apenas na segunda década do século XX que "homossexual" passou a se referir aos dois parceiros.[28] O papel passivo no sexo é uma perda de posição, literal e figurativamente. Poder e status são parte do desempenho sexual masculino idealizado (e da posição idealizada do homem na sociedade).

Algumas suposições implícitas no desenvolvimento de testes psicométricos também refletem a hierarquia de gênero. Na década de 1930, a *Attitude Interest Analysis Survey* (pesquisa de análise de atitude de interesse) consistiu em 456 itens para medir a masculinidade e a feminilidade. Itens geralmente endossados pelos homens foram chamados de itens M e os geralmente endossados pelas mulheres foram chamados de itens F. A pontuação final vem da subtração da pontuação F total da pontuação M, dando um resultado positivo para masculinidade e negativo para feminilidade. Porém, o método para criar a subescala Mf (M maiúsculo, f minúsculo) do Minnesota Multiphasic Personality Inventory (MMPI, inventário multifásico de personalidade de Minnesota, publicado pela primeira vez nos anos 1940) é bizarro. Só homens foram usados para validar a escala Mf. Para os itens masculinos, usaram soldados heterossexuais (ou pelo menos não "fora do armário"). Porém, para a validação da escala feminina, eles não se deram ao trabalho de incluir mulheres na amostra, mas em vez disso usaram treze homens "homossexuais" (conhecidos).[29] O MMPI é um importante teste de personalidade ainda em uso hoje (embora esperemos que tenha havido alguns refinamentos metodológicos).

No caso da masculinidade, "a grande roda" representa *status*, sucesso e respeito. Entrar em competição com os outros tem tudo a ver com ser o número um, o "mandachuva", o arquétipo do macho alfa. Em *Zero*

27 Money, J. (1988). *Gay, Straight and In-Between: The Sexology of Erotic Orientation*. Oxford: Oxford University Press.

28 Brill (1913) citado em Wood (2000).

29 Veja Stainton-Rogers & Stainton-Rogers (2001), p. 55.

and One, a artista Laurie Anderson proclama: "Todos querem ser o número um, e ninguém quer ser um nada".[30] Na "posição do missionário" tradicional no sexo, os homens ficam em cima. No jargão sexual gay, o parceiro que penetra é chamado de "*top*" ou "ativo", e o parceiro que é penetrado é o "*bottom*" ou "passivo". Na China, os papéis de homens gays no sexo são caracterizados por zeros e uns – como símbolos rudimentares para a anatomia (ânus = 0, pênis = 1). O "um", o *top*, tem um *status* mais alto que o "zero" (o *bottom*).[31] Contudo, essa distinção ficou um pouco nublada com o advento do *power bottom* ("submisso poderoso"). Este é alguém em um papel receptivo com "muita resiliência" ou alguém que, apesar do papel receptivo, assume um papel mais dominante no sexo, também chamado de um "passivo dominante". A distinção também ficou confusa em encontros heterossexuais no ato sexual conhecido como *pegging* ("inversão"). Aqui, a mulher assume o papel de penetração (com um acessório sexual) no sexo anal com um homem.

Em um experimento para examinar atitudes diante dos papéis em atos sexuais não procriativos (isto é, recreacionais), quatro cenários foram apresentados aos participantes, a quem foi perguntado qual parceiro tinha mais probabilidade de iniciar o ato:

1. O pênis do homem penetrando o ânus feminino (padrão heterossexual).
2. A mulher com o objeto em forma de pênis penetrando o ânus do homem (heterossexual reverso – *pegging*).
3. O pênis masculino penetrando o ânus masculino (gay).
4. A mulher com o objeto em forma de pênis penetrando o ânus feminino (lésbico).

No casal heterossexual padrão, o homem era mais frequentemente identificado como o iniciador (mantendo os estereótipos). No caso do

30 Veja "Zero and One" do filme *Home of the Brave* (1986). Dirigido por Laurie Anderson.

31 Wood, G. W. (2005). *Sex, Lies and Stereotypes: Challenging Views of Women, Men and Relationships*. Londres: New Holland.

casal gay, o penetrador (o ativo) foi indicado como o mais provável a iniciar – confirmando a associação entre o penetrador ativo e recebedor passivo. Porém, no cenário heterossexual reverso, o homem (penetrado) ainda era considerado mais provável de ter iniciado o ato. A pessoa com o pênis real "inativo" assumiu precedência sobre a pessoa com o pênis "ativo" substituto. Em resumo, os homens são julgados como submissos dominantes/poderosos nesses encontros. Quando lhes perguntaram sobre a instigação para casais lésbicos e gays, havia diferenças menos marcadas em qual papel era o instigador; em resumo, era mais uma decisão mútua. A razão mais frequentemente citada para instigação em casais heterossexuais (padrão e reverso) foi "receber prazer" para o homem. Quando o homem estava no papel receptivo ("passivo") com uma mulher, a segunda razão mais frequentemente citada foi "escolha pessoal" (dele). "Poder" foi associado com o papel ativo (penetrador). Para alguns, presumivelmente no casal heterossexual reverso, o homem exercia "escolha pessoal" para abrir mão de "poder" em troca de "receber prazer".[32]

A autoavaliação por referências externas é comum a todos os quatro temas da "masculinidade real". Grande parte do papel masculino está ligada a bravatas e fanfarronice, o que George Weinberg (o psicólogo que criou a palavra "homofobia") chama de "simulação masculina"[33] – extremamente voltado a ser intensamente independente, socialmente expansivo, mas emocionalmente contido. Os "homens de verdade" não são verdadeiros consigo mesmos. Meninos pequenos aprendem depressa que homens não choram. Muitas das características associadas com masculinidade, como agressividade, ambição, sucesso, virilidade esforçada e competitividade, estão intrinsicamente ligadas à pressão e à expectativa de que os homens "de verdade" devem manter o domínio sobre os outros. Em comparação com o papel de gênero feminino, o papel masculino tem sido menos receptivo a mudanças no decorrer dos anos.[34] A filósofa existencial e estudiosa feminista Simone de Beauvoir, em *O segundo sexo*,

32 Wood, G. W. (2000).

33 Weinberg, G. (2003). *Why Men Won't Commit: Getting What You Both Want Without Playing Games*. Nova York: Atria Books.

34 Wood, G. W. (2005).

argumenta que o homem é considerado o padrão, enquanto a mulher é considerada o "outro".[35] Isso explica a afirmação de Kate Bornstein de que, no sistema binário, o gênero perfeito é masculino.[36]

A ideia de que existem algumas pessoas que exemplificam o "a coisa de verdade" sugere que nem todos nós "passamos no teste". Isso implica o espectro de gênero, mais do que tudo ou nada.

Estereótipos de gênero, grupos de personalidade e morfologia genital

Na visão estereotipada de gênero, o mundo psicológico está dividido em dois grupos: masculino e feminino. Os membros de cada grupo compartilham conjuntos de habilidades, interesses e traços de personalidade, que são diferentes e distintos dos do outro grupo.[37] Veja uma representação gráfica na Figura 3.1.

O grupo masculino habitado por homens é direcionado para fora com um traço mestre de competência ou agência. Seu halo de traços correspondentes inclui ser assertivo (agressivo), aventureiro, vigoroso e orientado para conquistas. Em contraste, o grupo feminino habitado pelas mulheres é direcionado para dentro com um traço "mestre" de cuidado e expressividade. Seu halo de traços correspondentes inclui ser comunitária, altruísta, sentimental, submissa e centrada no outro. Porém, nada na psicologia se divide claramente em categorias tudo ou nada. Em testes psicométricos (incluindo testes de personalidade), a regra cardinal é que um traço não pode ser medido com exatidão usando um único item. Tudo bem para um teste de revista, mas não passa em uma análise para um teste científico.

Uma observação do psicólogo Erik Erickson revela a lente do essencialismo biológico na corroboração dos estereótipos de papel de gênero.

---

35 Beauvoir, S. de (1992). *The Second Sex*. Londres: Vintage Classics. [*O segundo sexo*. Rio de Janeiro: Nova Fronteira, 2008.]

36 Bornstein, K. (2013). *My New Gender Workbook*. Londres: Routledge.

37 Até mesmo os horóscopos oferecem maior escopo de variabilidade, com doze tipos de personalidade em vez de dois.

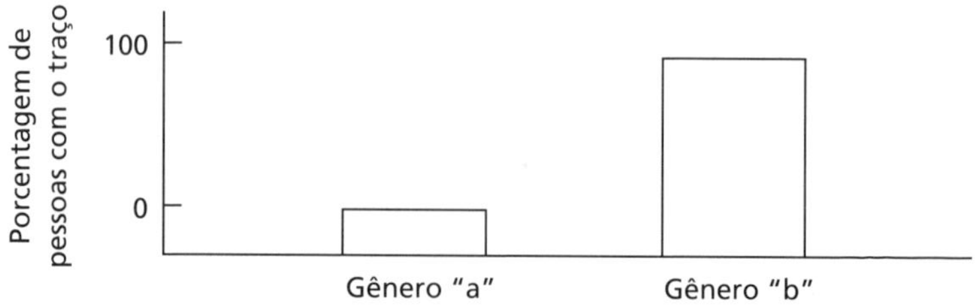

Figura 3.1 A visão binária da diferença de gênero para qualquer traço dado

Descrevendo crianças brincando, ele concluiu que meninos criam torres altas e estruturas, enquanto meninas criam cenas mais internas, de tipo doméstico. Em outras palavras, concluiu que as crianças talvez inconscientemente recriem os formatos respectivos de seus genitais em cenários de brincadeiras. O psicoterapeuta Eric Berne descreve os genitais masculinos como "um sistema agressivo de entrega", contrastando com os genitais femininos, que são "equipados para incentivar e lidar com . . . entregas". Em vez usar "mulheres" e "homens", a autora de direitos humanos e teórica de gênero Martine Rothblatt, em *The Apartheid of Sex*, refere-se a mulheres como "pessoas com vaginas" e a homens como "pessoas com pênis".[38] Os estereótipos de gênero não passam de metáforas genitais – homens (os números um) têm personalidades "para fora", e mulheres (os zeros) têm "para dentro". Apesar de nossos avanços evolutivos e culturais, do ponto de vista de um modelo binário de gênero, ainda se espera que vivamos segundo nossos genitais.

A seguir, consideramos evidências da pesquisa sobre diferenças de gênero para avaliar a validade da polaridade de gênero.

O QUANTO SOMOS REALMENTE DIFERENTES?

Antes de considerar as diferenças de gênero em pesquisa, é importante esclarecer o que queremos dizer com pesquisa.

38 Erikson (1978), Berne (1971) e Rothblatt (1996) citados em Wood (2000), p. 27.

O que é pesquisa?

No sentido informal, pesquisa pode significar uma busca na internet, coletar as opiniões de amigos ou incluir algumas porcentagens para impulsionar uma campanha publicitária. A pesquisa acadêmica se esforça para ser mais rigorosa, projetada segundo princípios científicos e diretrizes éticas e com uma interpretação mais cautelosa de seus achados. A pesquisa acadêmica passa por um processo de revisão por pares, isto é, é examinada por outros acadêmicos antes de ser publicada.

A pesquisa quantitativa tem um processo de dois estágios para a análise estatística de dados. Primeiro, um estágio descritivo usando médias de grupo (médias, medianas ou modas) mede a dispersão de pontuações e porcentagens. O segundo estágio envolve testes para avaliar se as diferenças observadas são *estatisticamente significativas*. Não podemos afirmar uma diferença significativa no estágio descritivo. Precisamos testar para essa diferença e ter mais de 95% de confiança de que os resultados não aconteceram devido ao acaso ou a erros, ou seja, probabilidades de mais de 19:1. Contudo, ainda precisamos distinguir entre uma diferença que parece boa no papel (uma que só pode entusiasmar um estatístico) e uma *validade ecológica*, isto é, uma que provavelmente tenha significado no mundo real.

Diferenças de sexo/gênero em pesquisa

Para consolidar os resultados (e equilibrar quaisquer erros) de muitos estudos para chegar a uma base geral (tomara[39] que mais robusta), os estatísticos usam uma técnica chamada de *meta-análise*. Em meta-análises, o tamanho do efeito é expresso como uma diferença média entre os grupos em um escore padrão (*d*, também conhecido como *d* de Cohen).[40] Na pesquisa de diferenças de gênero, isso nos permite avaliar não só o tamanho

39 "Tomara" porque qualquer técnica pode estar sujeita ao viés humano, e a seleção dos estudos pode ser direcionada por um propósito, mesmo inconscientemente.

40 Resumindo, é a proporção da diferença entre a média das pontuações (média) e a amplitude das pontuações (desvio-padrão).

das diferenças entre grupos de homens e mulheres, mas também o grau de superposição entre grupos. Para facilidade de comparação, mas com cautela,[41] podemos agrupar os escores das meta-análises em cinco categorias amplas com base no tamanho de "*d*": pequeno, pequeno a moderado, moderado, moderado a grande e grande.[42] Mais uma vez, valores positivos de *d* indicam superioridade masculina e valores negativos indicam superioridade feminina.

Em 2005, em seu artigo *The Gender Similarities Hypothesis*, a psicóloga Janet Shibley Hyde observou que a primeira grande revisão das diferenças de gênero, em 1974, descobriu mais evidências para similaridade de gênero, com apenas quatro áreas de diferença notável (capacidade verbal, capacidade visual-espacial, capacidade matemática e agressão). Os manuais que relatam as pesquisas se concentram quase exclusivamente nessas diferenças. Em sua análise atualizada, Hyde examinou 46 meta-análises de um período de vinte anos sobre diferenças de gênero. Isso rendeu 124 tamanhos de efeito (valores *d*). Mais de três quartos (78%) estavam ou *perto de zero* ou no intervalo *pequeno*. As diferenças proeminentes eram que, em comparação com as mulheres, os homens podiam jogar coisas mais longe e mais depressa, eram mais agressivos fisicamente, se masturbavam mais e tinham atitudes que eram mais positivas em relação ao sexo em relacionamentos sem compromisso.[43] Alguém pode argumentar que isso simplesmente resume um "cara típico".

---

41 Cohen (1977) citado em Kristoffer Magnusson, Interpreting Cohen's Effect Size an Interactive Visualization. Veja: http://rpsychologist.com/d3/cohend/. Acesso em: 23 jul. 2017. Os agrupamentos amplos são para apresentar os conceitos e facilitar a discussão. Para uma análise mais profunda, acesse o site de Magnusson.

42 Basow (1992) baseado em Cohen (1969). *Statistical Power Analysis for the Behavioral Sciences*. Nova York: Academic Press. Pequeno (*d é menos de* 0,20), pequeno a moderado (*d* é mais de 0,20 e menos de 0,40), moderado (*d* é cerca de 0,50, que é mais do que 0,40 e menos que 0,60), moderado a grande (*d* é mais de 0,60 e menos de 0,80), grande (*d* é mais de 0,80 e menos de 1,30), muito grande (1,30 e acima).

43 Hyde, J. S. (2005). The Gender Similarities Hypothesis. *American Psychologist*, *60*(6), 581-592.

Antes de examinar algumas das principais diferenças normalmente associadas a gênero,[44] o estatístico e psicólogo Jacob Cohen – que estabeleceu as bases da meta-análise – oferece algumas comparações familiares para ajudar a colocar os números em contexto. Um valor *d moderado* (0,50) representa a diferença de altura entre garotas de 15 e 16 anos. Isso significa que sua chance de adivinhar a idade a partir da altura seria de cerca de 60%. Um valor *d grande* (1,00) é como a diferença de altura entre garotas de 13 e 18 anos. Sua chance de adivinhar a idade a partir da altura seria de cerca de 69%. A diferença de altura entre homens e mulheres da mesma idade é de cerca de 2,00, ou seja, *muito grande.* Isso equivale a uma chance de 84% de adivinhar o gênero a partir da altura.

Jogar coisas – como esperado, as diferenças em tamanho e altura física se traduzem em diferenças comparáveis em capacidade física. Em média, os homens podem jogar coisas mais longe e com maior velocidade que as mulheres. As duas diferenças são *muito grandes* (com *d* ao redor de +2,00).

Atitudes em relação ao sexo – como existe um padrão duplo na atividade sexual entre homens e mulheres, também não é de surpreender que a pesquisa revele grandes diferenças de gênero nas atitudes sexuais. Em relação à frequência relatada de masturbação, a diferença é *grande* (d = +0,96). É importante notar que essa é a frequência relatada; os números verdadeiros podem ser diferentes. Porém, com base nesta estatística, você poderia adivinhar corretamente o gênero em cerca de 68% das vezes. Para atitudes em relação a sexo sem compromisso (casual), a diferença também é *grande* (d = +0,81) – um palpite correto em 66% das vezes. Para avaliações de satisfação sexual, a diferença entre homens e mulheres é próxima de zero (d = −0,06), o que significa uma superposição quase total.

Agressão – é uma área-chave em que a pesquisa, em um certo grau, se alinha com o estereótipo do homem agressivo. Porém, isso não é totalmente nítido. O achado mais confiável se refere a agressão física com diferenças nos intervalos de moderada (d = +0,40), moderada a grande

44 Os números nesta seção são de Hyde (2005). A revisão de 1974 mencionada em Hyde (2005) é de Maccoby & Jacklin, *The Psychology of Sex Differences*. Palo Alto: Stanford University Press.

(*d* = +0,50 a 0,60) e grande (*d* = +0,84). Usando a média (0,50), você adivinharia o gênero a partir dos pontos em 60% das vezes. A agressão relacional é um tipo mais complexo de agressão, muitas vezes menos observável, como excluir os outros ou prejudicar reputações com fofocas. Nesse tipo, as mulheres têm pontuações mais altas (*d* de até -0,74, isto é, no intervalo de moderada a grande) – você adivinharia o gênero corretamente em 65% das vezes. Porém, para agressão direta e indireta, os resultados variam dependendo do contexto. Nem tudo tem a ver com o gênero.

Capacidade verbal – é, segundo o estereótipo, onde as mulheres se destacam. A pesquisa indica que as mulheres se saem melhor do que os homens, mas não é uma diferença do tipo "outro planeta" – está no intervalo estatisticamente *pequeno* (*d* = -0,11). Para situar no contexto, das pessoas que pontuaram acima da média, 53% são mulheres e 47% são homens. Segundo Hyde, outra maneira de considerar isso é que 99% da diferença nas pontuações deve-se a algo que não é o gênero. As diferenças (superioridade feminina) são mais notáveis, isto é, no limite do intervalo moderado, para adolescentes na habilidade de ortografia (*d* = –0,45), o que significa um palpite correto para o gênero em 59% das vezes.

Capacidades matemáticas – é onde os homens supostamente se destacam. Porém, a pesquisa indica que as diferenças de gênero na matemática muitas vezes são uma função da idade e do tipo de capacidade matemática testada. Considerando todos os grupos e todos os tipos de desempenho matemático, a vantagem masculina está no intervalo pequeno (*d* = +0,15). A principal diferença de gênero surge na adolescência, com a superioridade masculina na resolução de problemas. A diferença está no intervalo *pequeno a moderado* (*d* = +0,30). De modo geral, os achados indicam que a lacuna está se estreitando. Um aspecto interessante é a diferença entre autoconfiança e ansiedade em relação à capacidade matemática. Os homens têm mais probabilidade de ter uma pontuação mais alta nas medidas de confiança (*d* = +0,16) e as mulheres têm mais probabilidade de ter uma pontuação mais alta nas medidas de ansiedade (*d* = –0,15).

Solicitude – segundo os estereótipos de papel de gênero, mulheres são mais solícitas, e supostamente é por isso que os aplicativos de assistentes de IA (como a Siri e a Cortana) são feminilizados. Porém, a pesquisa não confirma isso. De modo geral, os homens têm mais probabilidade de se envolver no comportamento de ajudar. Porém, essa diferença é apenas *pequena a moderada* (d = +0,13). A pesquisa mostra que o contexto é importante. Quando não existe supervisão, a diferença de gênero é *próxima de zero* (d = –0,02). Quando existe supervisão, a diferença de gênero é *moderada a grande* (d = +0,74), com os homens tendendo mais a querer ajudar.

Em seu artigo, *Men and Women Are from Earth: Examining the Latent Structure of Gender*, os psicólogos sociais Bobbi Carothers e Harry Reis[45] concluem que, embora existam diferenças médias entre homens e mulheres, essas diferenças são mais de dimensão que de categoria, e inadequadas para "diagnosticar" variáveis psicológicas típicas de gênero com base em sexo biológico. Para responder à questão de até que ponto as diferenças de categorias nos genitais se estendem a outros aspectos da biologia humana, a psicóloga Daphna Joel e seus colegas analisaram escaneamentos de ressonância magnética (RM) de mais de 1.400 cérebros humanos. Reconhecer que, embora existam diferenças documentadas de sexo/gênero no cérebro, a ideia de uma visão sexualmente dimórfica ("cérebro masculino" *versus* "cérebro feminino") só faz sentido se houver pouca superposição entre as características cerebrais e se elas forem internamente coerentes, isto é, características só masculinas *versus* só femininas. Eles descobriram que cérebros com características consistentemente em um dos extremos do contínuo "masculinidade-feminilidade" são raros. Os cérebros humanos não pertencem a uma de duas categorias distintas: cérebro masculino/cérebro feminino; ao contrário, a maioria dos cérebros é formada por "mosaicos" únicos de características.[46] Conhecida por "pegar pesado", a neurocientista cognitiva Gina Rippon, que descreve a abordagem do planeta diferente como "neurolixo", argumenta que os achados de Joel e colegas são "um importante desafio para os conceitos errôneos enraizados e exemplificados pela bobagem de 'homens são de Marte, mulheres

45 Carothers, B. J., & Reis, H. T. (2013). Men and Women Are From Earth: Examining the Latent Structure of Gender. *Journal of Personality and Social Psychology*, *104*(2), 385-407.

46 Joel D., Berman, Z., Tavor, I., Wexler, N., Gaber, O., Stein, Y., & Assaf, Y. (2015). Sex Beyond the Genitalia: The Human Brain Mosaic. *PNAS*, *12*(50), 15468-15473. Veja: www.pnas.org/content/112/50/15468. Acesso em: 30 jun. 2017.

são de Vênus'".[47] A neurocientista e autora Cordelia Fine (que cunhou o termo "neurossexismo") destaca que muitos dos argumentos a favor das diferenças de gênero "com base física" muitas vezes ignoram o fato de que mudanças de comportamento podem levar a mudanças no cérebro. Assim, embora a testosterona elevada possa levar a agressão aumentada, é igualmente verdadeiro que o comportamento agressivo pode aumentar a testosterona. Como ela argumenta, "setas em uma só direção de causalidade são tão século passado".[48]

O psicólogo evolucionário Marco Del Giudice (e colegas), porém, desafia a metodologia de Joel e seus coautores, afirmando que alguns dos critérios deles são tão estritos que "parece não haver nenhum grau de dimorfismo sexual em conjuntos de dados realistas que vão retornar resultados que falsificam as hipóteses de Joel et al.".[49] Assim, mesmo algo aparentemente tão seguro quanto um exame de imagem do cérebro está sujeito a um "tiroteio no curral metodológico". Del Giudice *prevê* que "combinar múltiplas fontes de dados de imagem cerebral (isto é, volume, densidade, conectividade) tornaria possível identificar o gênero de uma pessoa a partir da estrutura cerebral dela com exatidão considerável".[50] Então, como compreender as evidências desconcertantes e conflitantes? O contrário da afirmação de Del Giudice também precisa ser verdade. Podemos ser capazes de identificar a "interpretação social do sexo biológico" de uma pessoa a partir dos exames de sua estrutura cerebral. A conclusão? O gênero pode realmente bagunçar a sua cabeça! É brincadeira, mas também é válido.

---

47 Rippon, G. (2015). A Welcome Blow to the Myth of Distinct Male and Female Brains. *New Scientist*. Veja: www.newscientist.com/article/dn28584-a-welcome-blow-to-the-myth-of-distinct-male-and-female-brains/. Acesso em: 30 jun. 2017.

48 Fine (2010).

49 Del Giudice, M., Lippa, R. A., Puts, D. A., Bailey, D. H., Bailey, J. M., & Schmitt, D. P. (2016). Joel et al.'s Method Systematically Fails to Detect Large, Consistent Sex Differences. *PNAS*, *113*(14), E1965. Veja: www.pnas.org/content/113/14/E1965.full.pdf. Acesso em: 30 jun. 2017.

50 Del Giudice, M. (2015). Mosaic Brains? A Methodological Critique of Joel et al. (2015). Veja: http://cogprints.org/10046/1/Delgiudice_etal_critique_joel_2015.pdf. Acesso em: 30 jun. 2017.

Em discussões de diferenças de gênero, os dois lados do debate reconhecem que existe uma mistura. A discussão se refere a quanto. Assim, em vez de dois blocos desconectados, como na Figura 3.1, é mais exato atribuir percentuais e representar cada gênero como uma curva em formato de sino (representando a distribuição normal de pontuações). A maioria das pontuações se agrupa ao redor do meio, com frequências decrescentes aproximando-se das duas extremidades, então existem muito poucas pontuações muito baixas ou muito altas. A superposição ou mistura ("a área cinzenta") representa o grau de similaridade. O tamanho da mistura varia dependendo do traço. Em alguns casos, a semelhança pode ser maior que a diferença (veja a Figura 3.2). Obviamente uma diferença zero é igual a superposição total.

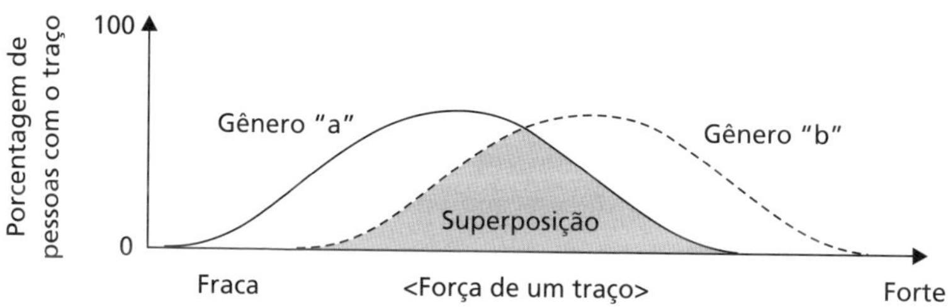

Figura 3.2 Curvas superpostas de diferenças de gênero para qualquer traço determinado

Esse arranjo de superposição de curva é o mesmo para as diferenças biológicas examinadas no Capítulo 2. As curvas podem ser mais íngremes e a superposição pode ser menor, mas o princípio é o mesmo.

De modo geral, o caso para a visão do "planeta diferente" seria mais incisivo se a maioria das diferenças estatísticas estivesse no intervalo de 2,00 a 3,00. Mesmo assim, ainda haveria mistura. A realidade é que muitas diferenças estão ao redor de 0,20. A partir de sua revisão, Hyde concluiu que da infância até a idade adulta, em geral, homens e mulheres são mais semelhantes do que diferentes na maioria das variáveis psicológicas. No entanto, é importante levar em conta o impacto das pequenas diferenças em termos da realização acadêmica. O modo como interpretamos e agimos a partir da diferença pode ser mais importante do que a própria diferença, pois mais uma vez a visão influencia a ação. Uma tendência notável das meta-análises sobre as diferenças de gênero é que as lacunas estão se estreitando com o tempo, especialmente as pequenas a moderadas. Sem dúvida, as mudanças sociais, políticas e econômicas em relação a direitos, papéis e expectativas de homens e mulheres ajudaram a fazer isso acontecer. Dadas as "condições necessárias e suficientes"[51] para a mudança: as coisas mudam; as pessoas mudam.

ANDROGINIA

Depois de revisar diversos estudos analíticos, a psicóloga Anne Constantinople argumenta que as medidas de masculinidade e feminilidade muito provavelmente acessam diversos grupos independentes e separados de crenças e atitudes. Nessa visão, o gênero é multidimensional, não binário.[52] Além disso, na década de 1970, a psicóloga Sandra Bem mudou as percepções sobre os papéis de gênero ao colocar masculinidade e feminilidade em escalas de medida separadas, em vez de extremidades opostas no mesmo contínuo:

baixa feminilidade ←———→ alta feminilidade
baixa masculinidade ←———→ alta masculinidade

Isso produz uma matriz com quatro resultados, isto é, o padrão masculino e feminino e mais dois novos termos: andrógino e indiferenciado.

	Baixa masculinidade	Alta masculinidade
Baixa feminilidade	Indiferenciado	Masculino
Alta feminilidade	Feminino	Andrógino

51 Pegando de empréstimo a frase do psicoterapeuta Carl Rogers (1902-1987).

52 Citado por Stainton-Rogers & Stainton-Rogers (2001), p. 57.

Indiferenciado descreve um padrão de pontuações mais baixas tanto na medida de masculinidade quanto na de feminilidade. *Androginia*, por contraste, representa altas pontuações tanto na medida de masculinidade quanto na de feminilidade, não em pontuações intermediárias, como muitas vezes descrito em relatos populares, mas *alta* nas duas dimensões. Supostamente, androginia é outro modo de dizer "psicologicamente resolvido". No entanto, apesar das melhores intenções, o viés (de estereótipos de gênero) invade sorrateiramente as medidas respectivas para a masculinidade e a feminilidade. As pontuações de masculinidade são melhores preditoras do bem-estar psicológico e da autodeterminação. Em comparação, os traços femininos incorporam qualidades infantis e de autossacrifício. Isso talvez não seja surpreendente considerando as metodologias questionáveis usadas para criar testes psicométricos para gênero. O problema fundamental é que eles são tautológicos. A masculinidade é definida por itens que os homens costumam apoiar, e a feminilidade, por itens que as mulheres costumam endossar. Na verdade, eles estão medindo a adesão aos estereótipos sociais.[53] Críticas semelhantes são feitas ao livro de Simon Baron-Cohen *The Essential Brain*.[54]

Em sua forma mais inicial, a androginia era criticada por ser um pouco "calorosa e fofinha" e não abordar os desequilíbrios de poder entre homens e mulheres.[55] No entanto, o conceito de androginia oferece um salto de consciência, levando as questões de gênero além do jogo de soma zero. Os traços que rotulamos como masculino e feminino podem ser complementares em vez de discordantes, equilibrados em vez de combativos.

PSEUDOCÉTICOS E SEUS NEGADORES DE DIFERENÇA

Além do debate acadêmico com base em evidências, a mais breve busca na internet vai revelar desafios para a hipótese de similaridade de gênero feitos pelos céticos com estilo próprio. Alguns têm boa intenção e

53 Stainton Rogers & Stainton-Rogers (2001), pp. 56–57.
54 Fine (2010).
55 Stainton-Rogers & Stainton Rogers (2001), p. 115.

podem fornecer uma fonte útil de referências para críticas equilibradas. Contudo, existe uma linha fina entre o ceticismo saudável e o pseudoceticismo. O último muitas vezes é marcado pelo antifeminismo virulento e acusações de "negação de diferença" associadas com sua própria negação das desigualdades de gênero. Os acadêmicos muitas vezes discordam entre si usando expressões como "com falhas metodológicas" ou "conclusões errôneas". Os pseudocéticos usarão palavras como "palhaçada" e "lixo", ou mais fortes, e parece provável, a partir de uma busca ampla do conteúdo de seus sites, que exibam suposições *a priori* (isto é, eles pré-julgaram). Consequentemente, eles só buscam informação para confirmar seus esquemas.[56]

CONCLUSÕES

Este capítulo explorou como os estereótipos de gênero são formados e mantidos por diversos mecanismos psicológicos. Também examinou a extensão em que as diferenças de sexo biológico (consideradas no Capítulo 2) impactam em nossos eus sociais e psicológicos. Considerando as categorias de feminilidade e masculinidade, em muitos níveis, as diferenças dentro das categorias são muitas vezes maiores do que as diferenças entre categorias. Nós poderíamos começar com pequenas diferenças cerebrais que são desenvolvidas, cultivadas e avançadas por expectativas socioculturais e diferenças comportamentais. É mais plausível do que a "abordagem da seta de direção única" da psicologia popular (e de parte da psicologia acadêmica). As evidências de pesquisa desafiam o filtro do essencialismo biológico. As similaridades entre homens e mulheres superam as diferenças. Além disso, as diferenças são, na maioria das vezes, quantitativas e não qualitativas.

56 Não me proponho a dar plataforma a sites pseudocéticos incluindo seus links. Quando encontrar um site cujas preocupações sejam OVNIs, capacidades mediúnicas e feminismo como teoria da conspiração, você saberá que está no lugar "certo". Sempre pergunte a si mesmo: "Existe alguma informação que poderia mudar a opinião do autor do site?".

O próximo capítulo considera o impacto e as implicações dos estereótipos do papel de gênero binário. Sabemos que uma compensação é a economia cognitiva, mas o que mais? Os estereótipos são um meio benigno pelo qual compreendemos o mundo ou são prejudiciais a nossa saúde, tanto física quanto mental? Ele também considera outros impactos de alcance muito maior.

4

O IMPACTO DOS ESTEREÓTIPOS DE PAPEL DE GÊNERO

A meta do jogo de soma zero do gênero é fornecer certeza, mas quais são as penalidades? Por um lado, os estereótipos de gênero são dispositivos benignamente descritivos, cognitivamente eficientes que tornam o mundo um lugar mais simples. No entanto, por outro lado, eles têm um lado negativo (ou até mesmo um lado sombrio). Eles podem ser malignamente prescritivos e divisivos. O capítulo anterior examinou as matrizes de gênero e começou a considerar algumas das consequências de manter estereótipos rígidos de papel de gênero. Neste capítulo, vamos explorar como os estereótipos de gênero afetam nossa saúde e nosso bem-estar, nossas relações com a sociedade e o mundo. Ele também faz a pergunta fundamental: os estereótipos de gênero são ruins para nós?

Para aproximar os temas dos capítulos anteriores e continuar a discussão, é útil considerar uma definição de gênero mais abrangente:

> a gama de papéis e relacionamentos, traços de personalidade, atitudes, comportamentos, valores, poder relativo e influência constru-

ídos socialmente que a sociedade atribuiu aos dois sexos em uma base diferencial . . . papéis de gênero e características não existem em isolamento, mas são definidos em relação um ao outro.[1]

O PARADOXO DA MORBIDADE E DA MORTALIDADE

Biologicamente, as mulheres têm algumas vantagens sobre os homens. Conforme discutido no Capítulo 2, o cromossomo Y mais fraco significa que os homens são mais suscetíveis a uma gama de doenças e condições hereditárias. O número de natimortos e a mortalidade infantil também são muito maiores para o sexo masculino.[2] No entanto, essa diferença biológica não se traduz em uma distinção nítida. Enquanto, na média, os homens têm uma expectativa de vida mais baixa, as mulheres tendem a experimentar uma morbidade (saúde pior) mais elevada. Isso se resume na frase "os homens morrem mais depressa, mas as mulheres ficam mais doentes".[3]

A vantagem das mulheres em expectativa de vida é encontrada em todo o mundo e existe desde o início das estatísticas. A vantagem média global em geral fica entre três e quatro anos.[4] Porém, essa lacuna parece estar se estreitando nos países industrializados.[5] Existem variações enormes na expectativa de vida em todo o mundo, e entre áreas e comunidades dentro do mesmo país. Por exemplo, existe uma diferença de 27 anos na expectativa de vida entre as mulheres na Austrália e no Zimbábue (85 anos *versus* 58 anos). Para os homens, a lacuna é mais estreita, de 23 anos (80 anos *versus* 57 anos). Existe apenas um ano de diferença entre a expectativa de vida das mulheres e dos homens no Zimbábue (58 anos *versus* 57 anos). Na Austrália, a população indígena (aborígene) tem uma

---

1 Health Canada, Health Canada's Gender-Based Analysis Policy (2000) citado em Vlassoff, C. (2007). Gender Differences in Determinants and Consequences of Health and Illness. *Journal of Health, Population and Nutrition*, *25*(1), pp. 47-61.

2 Basow, S. A. (1992). *Gender Stereotypes and Roles*, 3. ed. Pacific Grove: Brooks/Cole.

3 Altman (1997) citado em Brannon, L. (2017). *Gender: Psychological Perspectives*, 7. ed. Londres: Routledge.

4 Vlassoff (2007).

5 Brannon, L. (2017). *Gender: Psychological Perspectives*, 7. ed. Londres: Routledge.

expectativa de vida dez anos mais curta em comparação com a população não indígena.[6]

As desigualdades de saúde entre os sexos são o resultado da interação entre a biologia e a sociedade (sexo e gênero) em termos de como a sociedade estrutura e influencia nossa vida e de como vemos o mundo. Isso significa que as diferenças biológicas podem ser ampliadas ou suprimidas e podem moldar diferenças de gênero em atitudes diante da saúde.[7] Por exemplo, as mulheres com doenças e condições crônicas têm mais probabilidade de aceitar a queixa como parte de si mesmas. Em contraste, os homens são mais capazes de vê-la como um desafio a ser superado. Os estudos de diferenças de gênero em diabetes (em países industrializados) revelam que as mulheres geralmente são mais negativas sobre como lidar com a condição e sentem mais ansiedade e depressão do que os homens. Porém, os homens também tendem mais a subestimar os problemas e as complicações de longo prazo associadas com o diabetes.[8]

Homens e mulheres também têm experiências diferentes com os sistemas de saúde. A saúde reprodutiva das mulheres também está sujeita a exames mais regulares (medicalização mais intensa), que pode descobrir outras condições de saúde.[9] Em contextos médicos (como no estereótipo de papel de gênero feminino), as mulheres são socializadas para serem mais conformistas (em um sistema de atendimento à saúde dominado por homens) e a desempenhar o que o sociólogo Talcott Parsons denominou "papel de doente", ou seja, "colocar-se no papel de paciente". Essa conformidade poderia provocar um senso de *desamparo aprendido*[10] em questões de saúde que leva a um senso de resignação, ansiedade e depressão em relação à saúde. Em contraste, os homens tendem a esperar até que os problemas de saúde fiquem mais graves – como parte do estereótipo

---

6 The World Factbook, Central Intelligence Agency, citado em Brannon (2017).

7 Matthews, D. (2015) Sociology in Nursing 3: How Gender Influences Health Inequalities. *Nursing Times* e Vlassoff (2007).

8 La Greca et al. (1995) e Gafvels & Wandell (2006) citados em Vlassoff (2007).

9 White (2013) citado em Matthews (2015), p. 111, 43, 21-23.

10 O desamparo aprendido é um estado psicológico/atitudinal cunhado pelo "psicólogo positivo" Martin Seligman. Seu livro *Aprenda a ser otimista* vale a pena ser lido por todos que têm sintomas de ansiedade e depressão.

de gênero masculino, os homens têm menos probabilidade de procurar ajuda.[11] Ao contrário do estereótipo do resfriado masculino, a cena do filme de Monty Python no Santo Graal[12] soa verdadeira: nela, o cavaleiro com o braço ferido insiste em continuar a lutar, afirmando que "é só um ferimento na carne".[13] Diversos estudos têm explorado as diferenças de gênero na "vontade de viver" ao confrontar uma saúde fraca ou condições terminais. As mulheres parecem ter um desejo mais fraco de prolongar a vida em comparação com os homens. Além disso, morar com alguém é um preditor significativo da vontade de viver para homens, mas não para mulheres.[14] E quem disse que o amor morreu?

Homens e mulheres em relacionamentos de longo prazo vivem mais do que os solteiros. Eles também tendem a faltar menos no trabalho e ir menos ao médico. Algumas pesquisas têm examinado a expectativa de vida de homens e mulheres de 45 a 54 anos, com e sem cônjuges (isto é, solteiros, viúvos ou divorciados). Os resultados mostraram que, entre os homens de 45 a 54 anos sem cônjuge, 6 de 25 morreriam em uma década, em comparação a apenas 3 de 25 homens com cônjuge. Porém, no caso das mulheres de 45 a 54 anos sem cônjuge, 2 em 25 morriam dentro de uma década, em comparação a 1 em 25 das que tinham cônjuge. Os números para saúde mental também mostram um padrão similar. Embora estar em um relacionamento (casamento) seja benéfico para homens e mulheres, os benefícios maiores são para os homens.[15]

O trabalho também é uma importante influência sobre a saúde e o bem-estar. Homens desempregados correm um risco maior de ter problemas psicológicos e mortalidade precoce. O trabalho fora de casa está relacionado com saúde melhor para as mulheres, por causa da maior autoconfiança e da independência econômica.[16]

---

11 Brannon (2017).

12 *Monty Python e o Santo Graal* (1975), dirigido por Terry Gilliam e Terry Jones.

13 O epitáfio na lápide do humorista e escritor Spike Milligan (1918-2002) diz (em irlandês) "Eu avisei que estava doente".

14 Carmel (2001) citado em Vlassoff (2007).

15 Basow (1992).

16 Walters (1993) e Valkonen & Martikainen (1995) citados em Vlassoff (2007).

PRINCIPAIS CAUSAS DE MORTE

Alguns problemas de saúde e bem-estar são mais comumente associados a um gênero. Por exemplo, demência, depressão e artrite são mais comuns em mulheres. Os homens estão mais sujeitos a câncer de pulmão, doenças cardiovasculares e suicídio.[17] Porém, as três causas principais de morte no mundo ocidental são as doenças cardiovasculares, o câncer, que abordaremos nesta seção, e os acidentes, que abordaremos mais adiante neste capítulo. Todas apresentam diferenças de gênero marcantes.

Doenças cardiovasculares

Doenças cardiovasculares são a principal causa de morte nos países industrializados, e, embora pesquisas indiquem diferenças de gênero, os padrões não são nítidos. Embora mais mulheres do que homens morram de doenças cardiovasculares, os homens têm maior probabilidade de morrerem jovens, o que pode influenciar a impressão de que são doenças masculinas. Um fator implicado nas diferenças de gênero é o risco oferecido pelo estilo de vida. Em média, as dietas masculinas, em comparação às femininas, têm teores mais elevados de gordura (especialmente uma proporção mais alta de gorduras saturadas em relação às poli-insaturadas). As dietas masculinas também têm menor teor de vitamina C e, além disso, os homens fumam mais. Contudo, em comparação às mulheres, os homens se envolvem em mais exercícios, que têm um efeito benéfico sobre a saúde em geral. Também têm sido feitas pesquisas sobre o papel dos hormônios nas doenças cardiovasculares, em especial o estrógeno. Alguns estudos indicaram que ele pode ter um efeito protetor para as mulheres; outros não demonstraram nenhum efeito. Há também pesquisas conflitantes em relação aos efeitos da terapia de reposição hormonal. Alguns estudos têm indicado um efeito protetor e outros indicam um aumento no risco de AVC para mulheres (especialmente as mais velhas). O quadro permanece pouco claro.[18] O que está claro é que os estereótipos de gênero

17 Broom (2012) citado em Matthews (2015).

18 Brannon (2017).

estão envolvidos no tratamento diferencial das doenças cardiovasculares. Os modelos das doenças cardiovasculares foram desenvolvidos com base em pacientes masculinos. Mulheres e homens que apresentam os mesmos sintomas não recebem o mesmo diagnóstico nem o mesmo tratamento. A crença de que as doenças cardiovasculares são mais masculinas significa que os homens têm mais probabilidade de serem encaminhados para mais exames e para tratamento preventivo que as mulheres. Há também um viés para etnia, o que significa, nos Estados Unidos, um risco duplo para mulheres afro-americanas, cujos sintomas cardiovasculares têm mais probabilidade de ser subestimados.[19]

Câncer

O câncer é a segunda maior causa de mortes no Ocidente. De modo geral, os homens têm taxas de morte por câncer mais altas do que as mulheres. O câncer de pulmão é a forma de câncer mais prevalente tanto em homens quanto em mulheres e se correlaciona fortemente com o tabagismo. Tem havido debate considerável sobre a disparidade entre as verbas para os diferentes tipos de câncer, já que o câncer de mama recebe verbas substancialmente maiores que o câncer de próstata. Porém, a avaliação das estatísticas de morbidade revela que, além das óbvias diferenças de sexo, existem marcadas diferenças de idade e, na média, o câncer de mama ocorre em mulheres mais jovens do que o câncer de próstata em homens. Portanto, o argumento é que, em um sistema com recursos limitados, os custos para a sociedade são maiores no caso do câncer de mama. No entanto, a análise sugere que tanto o câncer de mama quanto o câncer de próstata recebem mais verbas que outros tipos de câncer, como os de bexiga, esôfago, fígado, boca, pâncreas, estômago e útero.[20] De modo geral,

---

19 Travis (2005) e Kent, Patel & Verela (2012) citados em Brannon (2017).

20 Katatrepsis Blog (2012). *Why Does Breast Cancer Research Receive More Research Funding Than Prostate Cancer?* Veja: https://katatrepsis.com/2012/10/30/why-does-breast-cancer-research-receive-more-research-funding-than-prostate-cancer/. Acesso em: 19 ago. 2017. Veja também Carter, A. J., & Nguyen, C. N. (2012). A Comparison of Cancer Burden and Research Spending Reveals Discrepancies in the Distribution of Research Funding. *BMC Public Health*, *17*, 12, 526.

é notável que as mulheres tenham sido muito eficientes em mobilizar a atenção e a atividade de caridade para o câncer de mama, de uma maneira que deixa os homens para trás. Existem também aspectos do estereótipo de gênero masculino que atrapalham, especialmente no caso de homens mais jovens. Primeiro, os homens são socializados para serem durões e não cuidarem tanto do corpo quanto as mulheres. Segundo, existe a questão da permeabilidade do corpo masculino e a perspectiva de um exame retal. Terceiro, há também o caráter invasivo dos tipos ocultos de câncer. Tratamentos cirúrgicos agressivos podem levar a incontinência e a impotência, prejudicando gravemente a qualidade de vida. Muita atenção tem se focado no impacto arrasador do câncer de mama sobre a feminilidade, mas nem tanta na perda da masculinidade representada por esses tratamentos difíceis – porque os homens devem "aguentar calados". Uma revolução médica significativa poderia trazer uma mudança vital no tratamento do câncer de próstata (e nas atitudes diante dele). Ela envolve um fármaco feito a partir de bactérias das profundezas marinhas, injetado na corrente sanguínea e ativado na próstata por raios *laser*. Isso tem o potencial de ser um divisor de águas real para a saúde masculina.[21]

ESTEREÓTIPOS, ALIMENTAÇÃO E EXERCÍCIOS

Os dois fatores principais envolvidos em uma saúde melhor são a alimentação e o exercício. Ambos mostram diferenças de gênero. Em média, as mulheres tendem a ter uma dieta mais saudável, e os homens tendem mais a se exercitar. Esse é um exemplo em que a androginia seria boa para nossa saúde. No entanto, os efeitos dos estereótipos são revelados nos extremos do comportamento.

Os dois estereótipos envolvem autoavaliação em relação a algum padrão externo. No caso dos homens, geralmente são os outros homens.

21 Boseley, S. (2016). Prostate Cancer Laser Treatment Could Be a Gamechanger for Men. *The Guardian*, 20 dez. 2016. Veja: www.theguardian.com/society/2016/dec/20/prostate-cancer-laser-treatment-could-be-game-changer-for-men. Acesso em: 15 ago. 2017.

As revistas femininas também se concentram "no que os homens querem" para as mulheres. Em geral, o tema é que os homens devem se tornar maiores e as mulheres devem se tornar (se manter) menores. Como a "magreza" é parte da feminilidade idealizada – no Ocidente –, os transtornos alimentares também são mais comuns nas mulheres. Isso se soma com o estereótipo de que as mulheres supostamente são menos ativas do que os homens e, portanto, não precisam de tanta energia (comida). Não é de surpreender, então, que nos países industrializados o gênero seja um fator importante na determinação de fatores de risco para transtornos alimentares como anorexia nervosa e bulimia nervosa. Uma explicação é a ênfase colocada sobre o formato "ideal" do corpo feminino na sociedade ocidental, muitas vezes ligada a representações irrealistas em revistas de moda e de estilo de vida. Um aspecto importante do estereótipo feminino é o desejo de agradar os outros. A dieta pode ser usada para melhorar a imagem corporal e a autoestima. Entre os homens, transtornos alimentares são mais comuns entre atletas e gays. Cerca de 90% dos pacientes em tratamento por esse tipo de transtorno são mulheres. No entanto, considerando que os homens relutam em buscar tratamento médico em geral, os números para os homens podem ser subestimados.[22]

O estereótipo de gênero masculino e o volume muscular muitas vezes estão associados. Meninos pequenos muitas vezes são incentivados a exibir seus músculos, isto é, seus bíceps. Em *Male Impersonators*, o jornalista e teórico do gênero Mark Simpson afirma que, na busca de um corpo cada vez maior, alguns homens se colocam em risco com excesso de treinamento e dietas extremas.

Resumindo, em uma análise quase freudiana, ele sugere que *bodybuilding* tem a ver com os homens se transformarem em símbolos fálicos vivos e com veias visíveis.[23] A contradição é que os efeitos colaterais do excesso de uso de esteroides incluem redução da contagem de espermatozoides, infertilidade, disfunção erétil, aumento do risco de câncer de

---

22 Austin et al. (2004), Deheeger et al. (2002), e Kaminski et al. (2004) citados em Vlassoff (2007) e Brannon (2017).

23 Simpson, M. (1994). *Male Impersonators: Men Performing Masculinity*. Londres: Cassell.

próstata, encolhimento de testículos e desenvolvimento de mamas.[24] Esse é claramente um exemplo de que maior não é melhor. Músculos grandes e boa saúde não são necessariamente sinônimos.

É revelador, em termos simbólicos, que os homens se refiram a seus bíceps como "armas".[25] Em termos da vida real, as armas de fogo (e a violência) têm um efeito devastador sobre a expectativa de vida dos homens.

FINS INOPORTUNOS E GÊNERO

Nada ilustra os efeitos dos "pilares da masculinidade" (antifeminilidade, superioridade, autoconfiança e poder) como as estatísticas de morte em acidentes e violência.[26] Na análise das taxas de mortalidade por acidentes e violência nos Estados Unidos em 2013, existem claras diferenças de gênero entre três grupos étnicos: euro-americanos, afro-americanos e hispano-americanos. De modo geral, os homens têm cerca de três vezes mais probabilidade de sofrer uma morte violenta do que as mulheres. Os números se mantêm durante toda a vida, mas são mais pronunciados na juventude. Os homens tendem a se comportar de modos que aumentam os riscos, por exemplo, maior consumo de álcool, direção perigosa e menor frequência de uso de cinto de segurança, riscos de segurança ocupacional mais elevados, atos de agressão física e atividades ilegais.[27]

Os homens têm probabilidade mais de 2,5 vezes maior de morrer em acidentes de automóveis do que as mulheres, e esse número é similar em todos os grupos étnicos. Em relação às mortes por ferimentos causados por armas de fogo, há diferenças notáveis entre os grupos étnicos. Entre euro-americanos, os homens têm probabilidade 5,5 vezes maior de morrer por armas de fogo do que as mulheres; no caso dos

---

24 NHS Choices. (2017). *Anabolic Steroid Misuse*. Veja: www.nhs.uk/conditions/anabolic-steroid-abuse/Pages/Introduction.aspx. Acesso em: 14 ago. 2017.

25 Em inglês, há um jogo de palavras no trecho, já que *guns* significa tanto "músculos" quanto "armas" [N.T.]

26 Heath, United States, 2014, do National Center for Health Statistics, citado em Brannon (2017).

27 Brannon (2017).

homens afro-americanos, a probabilidade é cerca de 10 vezes maior; e para os hispano-americanos, a probabilidade é cerca de 14 vezes maior. Existem também diferenças notáveis de gênero em estatísticas de homicídios. Homens euro-americanos têm uma probabilidade 2,5 vezes maior de serem assassinados que mulheres. Homens hispano-americanos têm uma probabilidade 5 vezes maior, e os afro-americanos têm uma probabilidade quase 7 vezes maior. Querer ser "a grande roda" tem consequências devastadoras em um jogo de soma zero.

As estatísticas de suicídio também revelam diferenças de gênero. Embora as mulheres sejam mais propensas a tentar o suicídio, os homens tendem mais a ter sucesso na tentativa. O principal motivo para a diferença de gênero é que os homens tendem a escolher métodos que têm mais probabilidade de serem letais, como usar armas de fogo, enforcar-se e pular de lugares altos. Em comparação, as mulheres tendem a escolher métodos "mais gentis", como overdoses de remédios.[28] É plausível, conforme os estereótipos, que as mulheres pensem como seu corpo será encontrado e considerem os sentimentos dos outros.

As estatísticas de tentativas de suicídios em subpopulações LGBTQI+ indicam pressões adicionais por não se encaixar em um mundo binário. Nos Estados Unidos, enquanto para a população geral a taxa de tentativa de suicídios é de cerca de 4,6%, ela sobe expressivamente entre a população LGBT, ficando entre 10% e 20%. Porém, entre as pessoas trans e não conformistas em relação ao gênero, ela é de 41%. A taxa mais alta é a de homens trans: 46%. As categorias mais altas incluem idade (os jovens correm mais riscos) e etnia (não brancos correm mais riscos que brancos).[29] Como vimos nos capítulos anteriores, o mundo é visto de uma perspectiva masculina, e aí se situa o desequilíbrio de poder, mas, como os números mostram, a divisão não é "exatamente no meio".

---

28 Brannon (2017).

29 Malone, L. (2015). Transgender Suicide Attempt Rates Are Staggering. *Vocativ*. Veja: www.vocativ.com/culture/lgbt/transgender-suicide/. Acesso em: 21 ago. 2017. Veja também: https://williamsinstitute.law.ucla.edu/wp-content/uploads/AFSP-Williams-Suicide-Report-Final.pdf. Acesso em: 21 ago. 2017.

PRIVILÉGIO E PATRIARCADO

Os estereótipos de papel de gênero e as desigualdades precisam ser entendidos no contexto de um sistema de relacionamentos estruturados de acordo com o poder.

A lacuna de gênero

Segundo a estudiosa feminista e ativista Kate Millett, o gênero é um sistema em que "o sexo é uma categoria de *status* com implicações políticas" – isso é o *patriarcado*,[30] em que os homens têm o privilégio do poder, muitas vezes chamado de "privilégio masculino". A palavra "privilégio" – um esquema em si mesma – é muitas vezes lançada em discussões como uma granada retórica. Dividir as sociedades ao longo das linhas de gênero leva a desigualdades e discriminação para mulheres *como grupo* e, usualmente, na alocação de recursos escassos, são os homens *como grupo* que se beneficiam mais.[31] A artista performática Laurie Anderson comentou amargamente sobre a diferença de salários entre os gêneros (em países industrializados): "Para cada dólar que um homem ganha, uma mulher ganha 63 centavos. Bem, há cinquenta anos, eram 62 centavos. Então, se tudo continuar desse jeito, chegaremos ao ano 3888 antes de ganharmos um dólar".[32] Comparando os ganhos medianos de homens e mulheres em empregos de tempo integral, globalmente, as mulheres ganham 18% menos que os homens. Porém, a lacuna aumenta quando consideramos como o trabalho é dividido ao longo das linhas de gênero – geralmente como trabalho produtivo ou trabalho reprodutivo. O trabalho produtivo é o emprego que gera renda (normalmente realizado fora de casa). O trabalho reprodutivo é aquele que é realizado em casa, isto é, reproduzindo as condições para sobrevivência, como preparação de alimentos,

30 Millett (1977) citado em Stainton-Rogers, W., & Stainton-Rogers, R. (2001). *The Psychology of Gender and Sexuality*. Buckingham: Open University Press.

31 Matthews (2015).

32 "Beautiful Red Dress" de Laurie Anderson em seu álbum *Strange Angels*, de 1989. E não, eu não confirmei as contas dela.

trabalhos domésticos e cuidados com as crianças. Normalmente, tanto nos países industrializados quanto nos em desenvolvimento, as mulheres passam mais tempo em trabalho reprodutivo, voluntário e não remunerado enquanto os homens passam mais tempo em trabalho produtivo e remunerado.[33] O trabalho designado como "trabalho feminino" é consistentemente visto como garantido e subvalorizado.

Dividendo patriarcal

O excedente de recursos – a vantagem dos homens *como grupo* de manter uma ordem de gênero igual – é chamado de *dividendo patriarcal*. Deixando o dinheiro de lado, outros benefícios do sistema de gênero incluem autoridade, respeito, serviço, moradia, acesso ao poder institucional, suporte emocional, sexo e controle sobre o próprio corpo (e o corpo dos outros).[34] Contudo, quanto os homens se beneficiam depende de sua posição na ordem social. Alguns têm muitos benefícios, outros têm menos e alguns não têm nenhum. Kate Bornstein se refere a uma pirâmide de poder de gênero com alguns poucos homens brancos, inimaginavelmente ricos, no topo.[35] "Privilégio" é muitas vezes usado de um modo binário, mas existe uma vasta diferença entre um homem que tem muitos bilhões e seu empregado homem cujo contrato de trabalho paga o salário-mínimo. O dividendo patriarcal nem sempre tem a ver com os homens. Algumas mulheres participam também do dividendo patriarcal, por meio de herança ou casamento. A ajuda profissional no trabalho doméstico ajudou a sustentar as carreiras das mulheres de classe média sem exigir que seus parceiros de classe média fizessem uma parcela maior do trabalho doméstico.[36] O psicólogo social Roy Baumeister afirma que, ao examinar o sistema, o erro é olhar apenas para o topo dominado por homens e ignorar os "fracassos" na base da pirâmide, ou melhor, aqueles com quem o sistema

---

33 Rathegeber e Vlassoff (2002) citado em Vlassoff (2007).

34 Connell & Pearse (2015), p. 140.

35 Bornstein, K. (2013). *My New Gender Workbook: A Step-by-Step Guide to Achieving World Peace Through Gender Anarchy and Sex Positivity*. Londres: Routledge.

36 Connell & Pearse (2015).

fracassou. Os homens são a maioria (93% nos Estados Unidos) da população prisional. Os homens são a maioria dos presos políticos em todo o mundo, dos mortos em batalha, dos sem teto, e são eles que fazem os trabalhos mais perigosos.[37] Baumeister argumenta que, além da exploração das mulheres, o sistema também se desenvolve pela descartabilidade dos homens.[38] É um sistema do tipo "quem ousa vence", de alto risco, e as recompensas são grandes, como poder, riqueza, autoridade, respeito, autonomia, controle sobre o próprio corpo (e sobre o corpo dos outros), sexo e assim por diante –, resumindo, todas as necessidades (motivações) que o gênero masculino abrange.

Negócio arriscado

O dividendo patriarcal é a aposta primária no sistema de gênero binário e faz valer a pena defender o patriarcado.[39] A maioria das culturas tende a usar homens para esses postos de alto risco e alta recompensa muito mais do que mulheres. A mensagem aos homens é: prove que você é um homem, assuma riscos e morra tentando. O resultado é que alguns homens colhem grandes recompensas enquanto outros têm a vida arruinada ou abreviada. Para exemplificar a descartabilidade dos homens, Baumeister revisa as taxas de sobrevivência do Titanic marcadas pela abordagem "mulheres e crianças primeiro". Ele comenta que os homens mais ricos tiveram uma taxa de sobrevivência mais baixa que as mulheres mais pobres (34% *versus* 46%).[40] Uma análise mais detalhada dos números mostra que a taxa de sobrevivência geral para homens foi de 20%, em comparação com 52% para crianças e 74% para mulheres. Os homens na primeira classe tinham duas vezes mais probabilidade de serem salvos que os homens na terceira classe (32% *versus* 16%). Considerando os números

37 Baumeister, R. F. (2007). Is There Anything Good About Men? Discurso proferido na reunião da American Psychological Association em San Francisco, 24 ago. 2007. Veja: www.denisdutton.com/baumeister.htm. Acesso em: 24 ago. 2017; e Connell & Pearse (2015).

38 Baumeister (2007).

39 Connell & Pearse (2015).

40 Baumeister (2007).

para a tripulação, quase 87% das mulheres foram salvas em comparação a 20% dos homens.[41] Baumeister argumenta, provocativamente, que úteros são mais valiosos que pênis em termos evolutivos; então, "a maioria das culturas mantém suas mulheres a salvo (mesmo que opressivamente) e usa os homens para trabalhos arriscados".[42]

Estupro e ataque sexual

A chamada proteção para as mulheres tem um custo, especialmente em relação ao poder sobre o corpo das mulheres. Em média, cerca de um terço das mulheres em todo o mundo relata violência física e/ou sexual por um parceiro íntimo.[43] Na Inglaterra e no País de Gales, onze adultos são estuprados a cada hora – cerca de 85 mil mulheres e 12 mil homens por ano. Aproximadamente 90% daqueles que são estuprados conhecem o agressor antes do crime. Quando todos os ataques sexuais são incluídos (como toque indesejado e exposição indecente), o número sobe para quase meio milhão de adultos. Uma em cinco mulheres de 16 a 59 anos já experimentou alguma forma de violência sexual (desde os 16 anos). De modo geral, apenas 15% daquelas que experimentam violência sexual fazem uma denúncia à polícia.[44] Os números dos Estados Unidos indicam que metade (mas até dois terços) das pessoas transgêneras sofre abuso ou ataque sexual, ou é atacada fisicamente em algum momento de sua vida.[45] Em uma pesquisa financiada pelas Nações Unidas em 2013 com mais de 10 mil homens, a maioria dos motivos comuns para estupro incluía o direito sexual, busca de diversão ou punição. Os fatores associados incluíam baixa empatia, consumo de álcool e aspectos masculinos que enfatizam

---

41 Os números de mortos no Titanic (e o que significam). Veja: www.anesi.com/titanic.htm. Acesso em: 12 ago. 2017.

42 Baumeister (2007).

43 Connell & Pearse (2015).

44 Home Office & Ministry of Justice (2013). *An Overview of Sexual Offending in England and Wales*. Londres.

45 Office for Victims of Crime (2014). *Responding to Transgender Victims of Sexual Assault*. Veja: www.ovc.gov/pubs/forge/sexual_numbers.html. Acesso em: 12 ago. 2017.

desempenho heterossexual, domínio sobre as mulheres e participação em gangues.[46] Em algumas análises, tem sido sugerido que, em vez de ver o ato como patológico, os perpetradores de estupro de gangue veem isso como uma maneira de se provar diante da gangue. Isso também é visto como uma maneira de criar unidade com a gangue (e medo de ser afastado), parte de desenvolver e provar sua masculinidade e orgulho pessoal e coletivo ao reduzir outro ser ao nada.[47] Também é uma maneira de homens ficarem nus uns com os outros em um ambiente sexualizado e ainda assim manter a regra "nada de coisas de menininha" – embora eles provavelmente não vejam isso dessa forma.

A prerrogativa sexual dos homens está consagrada nos livros de psicologia popular comprados e lidos pelas mulheres, como *Marte e Vênus no quarto* (mencionado no Capítulo 3). Mulheres (em relacionamentos heterossexuais) que não estão no clima para o sexo são convencidas pela culpa a deixarem os parceiros darem uma "rapidinha". Analisando outro livro de autoajuda (*Why Men Don't Iron*), os psicólogos Wendy e Rex Stainton-Rogers argumentam que "ele chega perigosamente perto de sugerir que os homens que estupram não conseguem evitá-lo" por causa de "um impulso irresistível alimentado pela testosterona".[48] Não é difícil ver as lentes de gênero de Sandra Bem funcionando aqui. A análise dos estupros de gangue indica que as motivações estão ligadas aos pilares da masculinidade (do Capítulo 3). Em termos acadêmicos, isso é definido como *masculinidade hegemônica*, uma das sanções da dominância masculina

46 Jewkes, R., Fulu, E., Roselli, T., & Garcia-Moreno, C. em nome da equipe de pesquisa do UN Multi-Country Cross-sectional Study on Men and Violence. (2013). Prevalence of and Factors Associated With Non Partner Rape Perpetration. Findings From the UN Multi-Country Cross-Sectional Study on Men and Violence in Asia and the Pacific. *Lancet Global Health*, *1*(4), e208-e218. Veja: www.thelancet.com/journals/langlo/article/PIIS2214-109X(13)70069-X/fulltext. Acesso em: 31 jul. 2017.

47 Lees (1996), Warshaw (1988) e Scully & Marolla (1985), citados em Stainton-Rogers & Stainton-Rogers (2001), p. 235.

48 Stainton-Rogers & Stainton Rogers (2001), p. 239. Eles também destacam partes do texto de Moirs que são homofóbicas e negam a existência da bissexualidade; veja p. 198.

na sociedade, e justifica a subordinação das mulheres (e de outros homens "menores"). Muitos livros de autoajuda (que mais prejudicam do que ajudam) valorizam essa forma de masculinidade e encontram maneiras de contorná-la com truques e compensações femininos. Outros modos de ser homem são menosprezados.

ATITUDES

Nosso cérebro buscador de padrões, com o qual formamos e mantemos os estereótipos de papel de gênero e os esquemas, talvez seja tipificado pela expressão "diz-me com quem andas e te direi quem és". No Capítulo 3, consideramos o conceito de autoritarismo (e seu vínculo com o pensamento binário) e as funções de atitudes (instrumento, conhecimento, expressão e defesa do ego). Isso se soma aos conceitos de grupos internos, grupos externos (nós *versus* eles) e efeito halo. Tudo isso explica como algumas pessoas levam para o lado pessoal quando os outros não se comportam nos mesmos padrões que elas. Isso pode ter implicações de largo alcance, pois, se um indivíduo tem "atitudes hierárquicas, conscientes do *status*, autoritárias, baseadas no poder e rígidas" dentro da família, então se espera que ele ou ela tenha visões similares em outros relacionamentos e em relação a questões sociais e políticas.

Muitos estudos psicológicos têm encontrado uma correlação entre isso e os papéis de gênero tradicionais. Pessoas com alta pontuação em autoritarismo tendem a manter papéis de gênero mais estreitamente definidos com atração baseada em ideais convencionais masculinos e femininos. Isso também influencia os relacionamentos românticos e as metas de estilo de vida.[49] A oposição aos direitos civis das pessoas trans está correlacionada com autoritarismo, heterossexismo, uma crença de que existem apenas dois sexos e crenças na base biológica do gênero. O psicólogo Adrian Furnham descreve uma lista de características que compõem o autoritarismo. Essas incluem convencionalismo, aceitação da autoridade,

49 Peterson, B. E., & Zurbriggen, E. L. (2010). Gender, Sexuality, and the Authoritarian Personality. *Journal of Personality*, 78(6), 1801-1826.

tendência a condenar qualquer um que viole as normas e rejeição de fraqueza ou sentimentalidade. Além disso, existem também vínculos com o pensamento categórico (binário), uma preocupação com dominância (poder e dureza) sobre os outros, preocupações exageradas com a conduta sexual adequada, incluindo homofobia, sentimentos generalizados de hostilidade e raiva e uma tendência a projetar as emoções internas e os impulsos para fora (projeção).[50]

Pontuações altas em autoritarismo estavam relacionadas a identidade e atitudes de papel de gênero tradicional, avaliação de eventos políticos relativos às mulheres como menos importantes e avaliação das feministas e das mulheres como tendo relativamente mais poder e influência na sociedade. O autoritarismo também estava relacionado à expressão de opiniões antiaborto em artigos e ao uso de argumentos baseados na moralidade convencional, submissão à autoridade e intenção de punição para as mulheres que procuram abortos. Finalmente, pontuações altas em autoritarismo estavam relacionadas à participação em manifestações pró-vida e à não participação em reuniões pró-escolha e questões femininas.[51] Em outro estudo, os pesquisadores descobriram que, em comparação com as mulheres, os homens demonstraram níveis mais elevados de homofobia, etnocentrismo e autoritarismo de direita. As diferenças de gênero na homofobia também eram condicionadas por estilos de apego desdenhosos e de evitação; em particular, um medo de intimidade parecia contribuir para atitudes homofóbicas encontradas entre os homens heterossexuais.[52]

O filme *Pleasantville: a vida em preto e branco* é uma história visualmente chocante do despertar político e sexual em uma cidadezinha na década de 1950. Segundo seu diretor, Gary Ross, o tema que conduz a

---

50 Furnham, A. (2015). The Mind of the Authoritarian. *Psychology Today*. Veja: www.psychologytoday.com/blog/sideways-view/201502/the-mind-the-authoritarian. Acesso em: 13 ago. 2017.

51 Duncan, L., Peterson, B., & Winter, D. (1997). Authoritarianism and Gender Roles: Toward a Psychological Analysis of Hegemonic Relationships. *Personality and Social Psychology Bulletin*, *23*(1), 41-49.

52 Gormley, B., & Lopez, F. G. (2010). Authoritarian and Homophobic Attitudes: Gender and Adult Attachment Style Differences. *Journal of Homosexuality*, 57(4), 525-538.

narrativa é que "a repressão pessoal faz surgir a opressão política mais ampla". Ele acrescenta que "quando temos medo de certas coisas em nós mesmos ou temos medo de mudança, projetamos esses medos sobre outras coisas, e inúmeras situações sociais muito desagradáveis podem se desenvolver".[53] Embora muitas vezes a característica seja chamada de *personalidade autoritária*, isso individualiza o problema. O conjunto de tendências, características, atributos e opiniões que formam essa organização cognitiva é inteligível em um sistema binário, com recursos limitados e jogo de soma zero.

CONCLUSÕES

Estereótipos de gênero podem muito bem ser um modo de estruturar o mundo, mas isso não significa que sejam bons para nós – ser "homens de verdade" ou "mulheres de verdade" pode realmente ser ruim para nossa saúde. De morbidade a mortalidade, de desigualdades em saúde e desvios dentro do sistema até violência econômica e sexual, essa breve revisão indica que precisamos questionar o sistema binário. A inevitabilidade biológica por si só não é capaz de explicar as diferenças; precisamos olhar mais de perto para os papéis e fatores sociais. A adesão rígida a papéis (estereotipados) de gênero também estreita a experiência humana, diminui oportunidades e cria barreiras para levar uma vida mais plena. Em algum grau, somos todos reféns dos estereótipos de papel de gênero e assombrados pelo espectro das expectativas de ideais inatingíveis e vieses ocultos. Não é de surpreender que os pesquisadores estejam cada vez mais atribuindo problemas de saúde física e mental a papéis rígidos de gênero.

O Capítulo 5 aborda de modo mais leve histórias que explicam papéis de gênero, além de examinar maneiras alternativas de expressar gênero – passos no caminho para um novo paradigma.

---

53 *Pleasantville: a vida em preto e branco* (1998, dirigido por Gary Ross), resenhado por Edward Johnson-Ott (1998). Veja: www.imdb.com/reviews/149/14904.html. Acesso em: 31 maio 2017.

5

HISTÓRIAS DE GÊNERO: PARA TRÁS, PARA A FRENTE, PARA OS LADOS

Como um antídoto para o mundo impessoal das estatísticas e o lado sombrio dos estereótipos do papel de gênero (no Capítulo 4), este capítulo começa uma excursão para as histórias que contamos sobre gênero. Aqui contemplamos o modo como usamos a criatividade humana (e a psicologia) para considerar esquemas alternativos de gênero nos quais podemos florescer. A primeira metade do capítulo discute os efeitos duradouros da escritura judaico-cristã sobre os estereótipos do papel de gênero e o pensamento binário. Ela também explora outras histórias, como contos de fadas, ficção científica e releituras da história cultural, que podem afetar nossos esquemas de gênero. A segunda metade do capítulo aborda maneiras de seguir em frente para uma nova psicologia do gênero.

CRIAÇÃO DE SENTIDO E GÊNERO

O gênero adiciona muito à riqueza cultural.[1] Provavelmente ele é uma parte integrante de suas obras de arte favoritas, como livros, peças, poemas, canções, pinturas, filmes e programas de TV. Por toda a história, a arte tem retratado o gênero de maneiras divertidas, interessantes ou que fazem pensar.[2] Das peças de Shakespeare aos filmes de John Waters, do teatro Nô japonês à pantomima britânica, do glam rock ao hip hop, dos novos românticos aos punks, do yaoi[3] à fanfic, o gênero é um ingrediente vital. A criatividade humana permeia nossa vida e nossos esquemas com cor e significado.

Somos todos contadores de histórias. Todos temos histórias de vida. Sua história não é apenas uma narrativa linear. Você a edita e constrói para transmitir um senso de quem é, de sua psicologia, de sua identidade. Sua história também está aberta a diferentes interpretações pelos outros, em termos de como você se encaixa nas histórias deles. O sociólogo Michael Mulkay afirma que "toda 'ação cultural' e todo 'produto cultural' ou 'texto' tem de ser tratado como uma fonte ou uma oportunidade para se criarem significados múltiplos ou outros 'textos'".[4] Os psicólogos Wendy e Rex Stainton-Rogers afirmam que "relatórios de pesquisa são produtos que criam significados humanos, da mesma forma que filmes, ficções e fantasias".[5] O bom senso, a psicologia popular e a psicologia acadêmica contam histórias diferentes sobre o gênero. Este livro começou com uma alusão ao conto de ficção científica distópica *The Minority Report*, que fala de sistemas precognitivos avançados de detecção de crime. O gênero também se refere a termos nossa vida mapeada antes de a termos vivido e,

---

1 Stainton-Rogers, W., & Stainton-Rogers, R. (2001). *The Psychology of Gender and Sexuality*. Buckingham: Open University Press.

2 Connell, R., & Pearse, R. (2015). *Gender: In World Perspective*. Cambridge: Polity Press. [*Gênero: uma perspectiva global*. São Paulo: nVersos, 2015.]

3 Revistas em quadrinhos japonesas com conteúdo homoerótico que têm um público em grande parte de garotas adolescentes.

4 Mulkay (1985) citado em Stainton-Rogers & Stainton-Rogers (2001), p. 197.

5 Stainton-Rogers & Stainton-Rogers (2001), p. 197.

tanto quanto a autoidentidade, como na ficção científica, tem a ver com compreender nosso relacionamento com "aliens e outros".

Nós começamos com um exemplo inicial de criação de significado que ainda influencia o mundo social e político de hoje.

COSMOLOGIA E AMBIGUIDADE

O pesquisador de estudos clássicos Richard Hoffman define a cosmologia, no sentido mais amplo, como um relato culturalmente específico de como o universo surgiu.[6] Poderíamos pensar na cosmologia como um metaesquema abrangente. As primeiras cosmologias eram relatos religiosos cujo objetivo primeiro era ajudar as pessoas a compreender a experiência humana (e seu lugar no universo). Eles impuseram uma estrutura que incluía os papéis e as funções dos habitantes da cultura e seu relacionamento uns com os outros e com os estranhos. Isso abrangia os papéis de gênero e as atitudes diante do sexo e da sexualidade. A estudiosa de literatura inglesa e norte-americana Elaine Scarry argumenta que a escritura judaico-cristã pode ter o crédito por "patrocinar uma civilização em um grau sem igual em nenhum outro texto verbal isolado".[7] Suas influências ainda são detectáveis na psicologia, na psiquiatria, na medicina e no direito ocidentais. A lei canônica (lei da igreja) tornou-se lei criminal, isto é, os pecados (contra a ordem divina) se tornaram crimes contra o Estado.[8]

É útil distinguir entre dois tipos de cosmologia (mais um binário). Existem cosmologias monoteístas, como judaísmo, cristianismo e islã, que têm um único deus, e cosmologias politeístas, como o hinduísmo, que têm muitos. Esses tipos de cosmologias oferecem maneiras dis-

---

6 Hoffman, R. J. (1984). Vices, Gods and Virtues: Cosmology as a Mediating Factor in Attitudes to Homosexuality. *Journal of Homosexuality*, 9, 27-44.

7 Scarry, E. (1985). *The Body in Pain: The Making and Unmaking of the World*. Oxford: Oxford University Press, p. 181.

8 Bem (1993), Norton (1997), Nye (1999), Jeffrey-Poulter (1991), Moran (1996), e Spencer (1995), citados em Wood, G. W. (2000b). *Intolerance on Ambiguity, Gender Stereotypes and Attitudes to Sexuality*. (Tese de doutorado). The British Library.

tintas de estruturar o mundo. O monoteísmo se inclina para uma visão monocromática (binária), e o politeísmo, para uma visão policromática. As cosmologias monoteístas (um deus) descrevem limites rígidos entre os domínios do mortal e do divino e em relação aos papéis e às funções das pessoas.

O mito da criação na escritura hebraica começa com uma série de binários: forma/vazio, noite/dia, bom/mau, homem/mulher e assim por diante. Em contraste, uma cosmologia politeísta (de muitos deuses) é marcada por limites menos rígidos entre os domínios mortal e divino, com interação frequente, até mesmo relações sexuais, entre os dois. Religiões politeístas incluíam deusas e, além delas, deuses com a anatomia física dos dois sexos (intersexo). Além disso, o sexo não era considerado uma força negativa, como nas religiões monoteístas, mas poderia ser usado como parte de um ritual sagrado, como nas religiões antigas do Egito e de Canaã. Isso leva a diferenças no modo como sexo e gênero são organizados na vida cotidiana. No monoteísmo, esquemas de gênero têm mais probabilidade de oferecer uma dicotomia masculino *versus* feminino. Além disso, o sistema não permite anomalias ou áreas cinzentas (como na escritura judaico-cristã). Não pode haver mistura nem distorção. A antropóloga Mary Douglas, em *Pureza e perigo*,[9] argumenta que o tema principal que permeia o Código da Santidade do Velho Testamento[10] é a integridade dos limites. As distinções entre o sagrado e o profano tornaram-se muito importantes para a identidade israelita, de modo que "tudo o que sugere ambiguidade e a quebra das distinções é proibido".[11] As leis do pensamento ocidental e as lentes de gênero de Sandra Bem (essencialismo biológico, polaridade de gênero e androcentrismo), discutidas no Capítulo 3, estariam em casa aqui. Em contraste, um sistema politeísta de esquemas de gênero permite uma abordagem mais relaxada

9 Douglas, M. (1969). *Purity and Danger: Concepts of Pollution and Taboo*. Londres: Routledge & Kegan Paul.

10 Levítico, capítulos 17-26 – assim chamado porque usa muito a palavra "santo". Esboça o código de conduta para os israelitas como uma nação de sacerdotes.

11 Hoffman (1984), p. 37.

à ambiguidade e à anomalia de gênero. Em termos atuais, eles poderiam ser descritos como queer.

Outra questão importante é o modo como uma cosmologia lida com os deuses das outras religiões. Na religião judaico-cristã, um esquema de um único deus, os deuses das religiões vizinhas eram tratados como hostis e incorporados como nomes alternativos para o mal/o demônio (por exemplo, Belzebu). A deusa da fertilidade Asherah/Astarte, antiga consorte do Deus hebreu (Javé) foi completamente descartada e até mudou de sexo. Os santuários dela (bosques sagrados) foram destruídos (Deuteronômio 12: 3-4), o nome dela foi traduzido para o grego para significar apenas "bosques" e ela parece ter passado o resto de sua vida como um demônio masculino, Astaroth, o Grão-Duque do Inferno.[12] Como o politeísmo era uma característica das primeiras civilizações, a sabedoria popular posteriormente consideraria o monoteísmo um progresso. No caso da evolução judaico-cristã, esse "progresso" envolveu o apagamento da deusa. Isso contrasta com as religiões politeístas que achariam mais fácil incorporar outros deuses em seu panteão. Por exemplo, os sistemas de crença dos povos nativos norte-americanos não teriam tido problemas para aceitar Jesus Cristo como um deus, mas tiveram problemas em aceitar que havia apenas um Deus.[13]

A mudança para o monoteísmo (na escritura judaico-cristã) significa "explicitar as coisas" para estabelecer limites claros; isso envolveu todo um conjunto de leis para lidar com as ambiguidades. O Código da Santidade lida com a "poluição das uniões proibidas".[14] Isso inclui tudo desde comida até cultivar um campo, os animais usados para puxar um arado, roupas, *cross-dressing* e sexo. Em um ambiente percebido como hostil, as leis deveriam garantir a integridade e a sobrevivência de uma identidade

---

12 Pense em como nossa visão da religião do antigo Egito é marcada pelas múmias dos filmes de terror. Também como uma de nossas palavras para alguém sem cultura é "filisteu", que significa palestino.

13 Williams, W. L. (1986). *The Spirit and the Flesh: Sexual Diversity in American Indian Culture*. Boston: Beacon Press. Também Wood, G. W. (2005). *Sex, Lies and Stereotypes. Challenging Views of Women, Men and Relationships*. Londres: New Holland, e Hoffman (1984).

14 Douglas (1969).

cultural que era distinta dos cananeus politeístas e dos egípcios. Douglas argumenta que contaminado (sujo) significa simplesmente "matéria fora de lugar" no esquema das coisas. Testei essa ideia na minha pesquisa e descobri que os participantes avaliavam os atos sexuais que não se conformavam aos papéis de gênero tradicionais (e as pessoas que participavam deles) como mais sujos que aqueles que seguiam esses papéis.[15]

A divisão binária monoteísta/politeísta das culturas não pode ser plenamente apoiada. Por exemplo, na Grécia antiga, existiam divisões e papéis de gênero distintos, e as mulheres não eram reconhecidas como cidadãs. Nesse exemplo, poderíamos argumentar que o politeísmo oferecia uma gama comportamental mais ampla para a identidade masculina, em especial em relação à expressão sexual. Contudo, quando analisamos as culturas nativas norte-americanas, as atitudes diante de pessoas dois espíritos (terceiro gênero) mudaram com a introdução do cristianismo – da reverência para a vergonha. As maneiras diferentes de expressar o gênero nas culturas nativas encontradas pelos conquistadores europeus foram vistas com fervor religioso, suprimidas e punidas com extrema brutalidade e violência. Também é digno de nota que, em muitos relatos de viagem antigos de outras culturas (estudos etnográficos), os "homens de cor" eram em geral feminilizados, em comparação com os padrões europeus brancos da época.[16] Há pouco suporte empírico para a análise de Hoffman. No entanto, trabalhei com um estudante em sua dissertação de conclusão de curso, que pode oferecer algum apoio. O texto examinou atitudes monoteístas e politeístas entre estudantes asiáticos em relação a comportamento homossexual e heterossexual. Os participantes completaram diversas medidas psicométricas, incluindo atitudes negativas diante de homossexualidade (homofobia), religiosidade e monoteísmo. Os participantes foram divididos em dois grupos: monoteístas (sikhs e muçulmanos) e politeístas (hindus). A adesão ao grupo era confirmada pelas pontuações na escala de monoteísmo. Apesar de ter pontuações significativamente mais altas em religiosidade, o grupo politeísta pontuou

15 Wood, G. W. (2000a). The Achilles Hole: Gender Boundary Maintenance and the Anus. *Psychology of Women Section Review*, *2*(2), 26-40.

16 Bleys, R. C. (1995). *Geography of Perversion*. Londres: Continuum International.

significativamente mais baixo na medida de atitudes negativas diante da homossexualidade.[17]

ALMAS GÊMEAS, OUTRAS METADES E PRONOMES PLURAIS

As histórias criacionistas bíblicas ainda se mantêm hoje e são muitas vezes invocadas para justificar papéis de gênero fixos e atitudes (negativas) diante da sexualidade. A referência a Adão e Eva é a metáfora da escritura para as lentes de gênero de Sandra Bem.[18] Porém, a jornada a partir do politeísmo deixou alguns artefatos interessantes a esse respeito. Na história da criação bíblica, Deus foi traduzido a partir da palavra *Elohim*, que é na verdade um masculino plural (literalmente "os deuses" – o que poderia abranger um grupo de deuses, deusas e outras divindades). O Livro de Gênesis dá dois relatos da criação dos seres humanos. Em Gênesis 1:26-27, temos: "Então, [os deuses] disseram: 'Façamos [os seres humanos] à *nossa* imagem e *nossa* semelhança' . . . 27 Assim criou [os deuses criaram] [os seres humanos] à sua imagem; criou-o à imagem [dos deuses], ele criou o homem e a mulher".[19] Isso implica que, nessa história, os seres humanos originais eram psicológica ou fisicamente andróginos (ou intersexo). Hoje, muitas pessoas queer abandonaram os pronomes singulares masculino e feminino e, em vez disso, se referem a si mesmos em inglês usando o plural neutro "them" e "they".[20]

---

17 Wood, G. W. (2000).

18 Sempre que ouço "Deus criou Adão e Eva, não Adão e Ivo", geralmente pergunto "Que tal Adão e Yves (St. Laurent)?". Depois eu lembro que Adão e Eva foram seres criados (não nascidos), então não tinham umbigos. Eles também eram vegetarianos (Gênesis 1:29-30). Ironicamente, Noé, a pessoa que teve a tarefa de salvar os animais do Grande Dilúvio, foi a primeira pessoa na Bíblia que teve permissão para comê-los (Gênesis 9:3). Claramente, invocar Adão e Eva como um padrão absoluto e imutável envolve interpretação seletiva.

19 Mudei Deus para "os deuses" e homem para "seres humanos". Os plurais (em destaque) estão no texto original.

20 Como em português o plural é binário, as pessoas da comunidade LGBTQI+ não utilizam os pronomes plurais no Brasil. Pessoas não binárias usam os pronomes

Em *O Banquete* de Platão, da Grécia clássica, o escritor de peças teatrais Aristófanes entretém as pessoas numa festa com uma história que explica por que duas pessoas se sentem inteiras quando encontram amor. A história diz que, nos tempos antigos, as pessoas tinham corpos duplos, com rostos e membros voltados para fora. Havia três sexos: um homem duplo (descendente do Sol), uma mulher dupla (descendente da Terra) e um que era metade homem e metade mulher (descendente da Lua).[21] Esses primeiros seres humanos tentaram escalar o Monte Olimpo para atacar os deuses. Então, como punição, Zeus os cortou ao meio (verticalmente), criando dois seres separados. O destino deles era andar sem parar à procura de suas metades (almas gêmeas) para recuperar sua natureza original. Voltando ao Livro de Gênesis, existe um segundo relato da criação de Adão e Eva, em que Adão é criado primeiro e, como a sabedoria popular diz, Eva foi feita da costela de Adão (Gênesis 2:21-22). Em primeiro lugar, Adão é um termo geral para ser humano e significa "terra vermelha". Em segundo lugar, a palavra *tsela* é traduzida como "costela" nesta única ocasião, embora em quarenta outras passagens da Bíblia a mesma palavra seja traduzida como "lado".[22] Assim, por essa leitura, os deuses partiram o primeiro ser humano na metade, oferecendo uma versão mais igualitária do mito da criação.

O CÁLICE E A ESPADA

Em *O cálice e a espada*,[23] a historiadora e cientista de sistemas Riane Eisler revisou uma ampla gama de evidências em toda a história, muitas delas concentradas na civilização minoica em Creta. Ela afirma que, na pré-história dos seres humanos, a parceria costumava ser a norma. Grande parte

elu/delu, ile/dile, elx/delx, el@/del@ em português e tendem a terminar adjetivos com "e" ("linde", por exemplo) [N.T.].

21 Segura essa, John Gray.

22 The Adam and Eve Story: Eve Came From Where? Veja: www.biblicalarchaeology.org/daily/biblical-topics/bible-interpretation/the-adam-and-eve-story-eve-came-from-where/. Acesso em: 17 ago. 2017.

23 A metáfora genital (binária) provavelmente não passou despercebida.

do material centraliza-se na adoração à deusa e em culturas e civilizações que enfatizam o consenso. Eisler apresenta dois modelos contrastantes da história humana.[24]

As sociedades mundiais contemporâneas são baseadas na dominação e simbolizadas pelo poder da espada. Elas são marcadas por:

- uma estrutura de classificação rígida de cima para baixo – hierarquias de dominação mantidas por meio de controle físico, psicológico e econômico;
- a hierarquia rígida de metade da humanidade sobre a outra metade;
- abuso e violência culturalmente aceitos;
- crenças de que as relações de dominação e submissão são inevitáveis, normais e até mesmo morais.

O modelo alternativo destaca uma sociedade simbolizada pelo cálice e marcada por:

- uma estrutura democrática e igualitária;
- parceria igualitária entre mulheres e homens;
- abuso e violência não culturalmente aceitos (isto é, não institucionalizados nem idealizados);
- crenças sobre a natureza humana que apoiam relações empáticas e mutuamente respeitosas.

O argumento de Eisler desafia os esquemas de que estruturas sociais assimétricas são inevitáveis. Ela cunhou o termo "gilania", que é formado por "gi", de "gino" (mulher) e "an", de "andro" (homem). O "l" no meio da palavra representa o verbo grego "lyo" ou "lyein", que significa "solucionar ou resolver". A aspiração é que tantos relacionamentos no ocidente

---

24 Eisler, R. (2015). Human Possibilities: The Interaction of Biology and Culture. *Interdisciplinary Journal of Partnership Studies*, *1*(1). Veja: http://pubs.lib.umn.edu/cgi/viewcontent.cgi?article=1002&context=ijps. Acesso em: 17 ago. 2017.

passem para modelos de parceria que as sociedades possam, no futuro, também ser fundamentadas na gilania baseada em consenso.

CONTOS DE FADAS E GÊNERO

Em *A psicanálise dos contos de fadas*,[25] o psicólogo e psicanalista Bruno Bettelheim discute o significado e a importância dos contos de fadas, inclusive as primeiras versões dos mais conhecidos. Essas histórias ajudavam as crianças a compreender o mundo e lidar com emoções confusas. Muitos contos de fadas continham mensagens codificadas sobre sexo e gênero. Eles invariavelmente envolviam temas de príncipes cavalheirescos resgatando princesas lindas e desamparadas. Você não precisa ser um psicanalista para discernir a importância de a pré-adolescente Chapeuzinho Vermelho ser alertada para não sair do caminho ou poderia ser presa do lobo sedento de sangue.

No decorrer dos anos, essas histórias têm sido modificadas e purificadas, assim perdendo muito de sua importância. Bettelheim reconta uma versão anterior de *João e o pé de feijão*. Em *João e suas barganhas*, os problemas de passar da vida de menino para a vida de homem são mais claros e, surpreendentemente, oferecem uma visão diferente do estereótipo de papel de gênero masculino falocêntrico tradicional. No início da história, João é descrito como rebelde e inútil para o pai e a família que estão passando por tempos difíceis. João é enviado para a feira para vender uma vaca. No caminho, ele encontra um homem que lhe oferece em troca da vaca uma varinha mágica que João pode usar para derrotar seus inimigos. Tudo que ele precisa fazer é gritar as palavras mágicas "Varinha firme e pronta". Como era de se esperar, o pai fica bravo e pega uma vara para bater em João, que saca sua varinha mágica e bate no pai. João então recebe a incumbência de vender mais duas vacas, encontra o mesmo homem na estrada e volta para casa com uma abelha (que canta belas canções), na primeira vez, e uma rabeca (um violino que toca músicas maravilhosas),

25 Bettelheim, B. (1976). *The Uses of Enchantment: The Meaning and Importance of Fairy Tales*. Londres: Penguin.

na segunda. Como em muitos contos de fadas, existe a busca pelo coração de uma princesa. João consegue isso com muita "ajuda superior" da varinha de condão, mas também por meio de humor e uma exibição de autocontrole sexual. A abelha da história pode representar a doçura da vida ou o trabalho duro, e o violino poderia ser a realização artística. De modo geral, a história enfatiza que a "varinha" não é o bastante. Ela começa com uma preocupação adolescente com a supremacia fálica e, na maturidade, termina com uma gama mais ampla de valores e capacidades. Em termos da *hierarquia de necessidades de Maslow* – uma teoria de motivação –, o talento musical e o humor estão em uma ordem muito superior à das necessidades de segurança e de sobrevivência fisiológica básica. Indo da base para o topo da pirâmide, as necessidades se tornam menos voltadas para sobrevivência e mais para o crescimento psicológico.[26]

FICÇÃO CIENTÍFICA E OUTRAS CONSTRUÇÕES DE SIGNIFICADO HUMANAS

A ficção científica – embora muitas vezes normalmente reflita o *status quo* dos heróis e das donzelas em perigo – oferece a possibilidade de explorar convenções sociais e linguísticas além do mundano.[27] Os Stainton-Rogers identificam diversos escritores, em especial nas décadas de 1960 a 1980, que tentaram explorar, no gênero da ficção científica, as suposições consideradas óbvias em relação a sexo e gênero (inclusive pronomes pessoais). Em *A mão esquerda da escuridão* (1969), Ursula K. Le Guin explora um planeta em que os habitantes são andróginos e assexuais e periódica e temporariamente, de tempos em tempos, se transformam em machos e fêmeas. Nos livros de Mary Gentle – *Golden Witchbreed* (1983) e *Ancient Light* (1987) –, a raça alienígena socializa suas crianças de um modo neutro em relação ao gênero. Criar crianças sem esquemas de gênero era o principal objetivo do trabalho de Sandra Bem.

---

26 Wood, G. (2013). *Unlock Your Confidence*. Londres: Watkins Books.

27 Stainton-Rogers & Stainton-Rogers (2001).

Com a proliferação da comunicação e da tecnologia da informação, nossa visão de mundo não é mais determinada pelas pessoas que controlam a palavra escrita. Nas culturas ocidentais, podemos misturar diversas fontes de informações e, em particular, a internet democratizou o conhecimento (para aqueles que podem ter acesso a ela sem obstáculos). Ela oferece oportunidades de criar e considerar versões alternativas da realidade, o que tem um efeito de mediação de nossa compreensão do gênero e da sexualidade. Parte de seu conteúdo busca cimentar os binários tradicionais, e outra parte busca subverter a "sabedoria" aceita. No mundo cibernético, todos podemos nos passar por "alienígenas e outros". Por meio da fanfic, podemos criar nossas próprias narrativas para personagens ficcionais, como o relacionamento de amor e ódio entre Magneto e o Professor Xavier em *X-men.* Outras histórias se centram em relacionamentos íntimos imaginados entre os atores que os representam[28] em cenas reminiscentes do Yaoi japonês – histórias em quadrinhos sobre relacionamentos masculinos para um público feminino adolescente.

Em uma certa contradição, os avanços em tecnologia *digital* criaram uma plataforma para explorar visões *análogas* de identidade. No melhor dos casos, a internet oferece oportunidades ilimitadas para testar os limites da identidade de gênero e dos relacionamentos. No pior, vira um campo de batalha de cliques polarizados que brandem espadas afirmando estar "do lado certo da história". Então, para onde vamos a partir daqui?

EM DIREÇÃO A UMA NOVA PSICOLOGIA DO GÊNERO

Será que estamos à beira de um novo paradigma de gênero, mexendo com o antigo ou vivendo em um novo paradigma? Será que estamos indo para trás, para a frente ou para o lado?

Na primeira metade do capítulo, consideramos uma coleção improvável de histórias. Cada uma destaca uma característica dos desafios

28 Os atores são Michael Fassbender e James McAvoy. Para exemplos, veja Archive of Our Own: https://archiveofourown.org/. Alerta: Alguns deles são muito explícitos e incluem referências a violência sexual.

enfrentados ao reescrever o gênero. A distinção entre monoteísmo e politeísmo é similar às tensões entre o gênero binário e o queer. Para alguns, é um passo à frente, e para outros é uma descida ao caos. A reescrita ímpia do mito da criação combinando Adão, Eva e Aristófanes representa um desafio ao androcentrismo (e um lembrete de que o gênero deveria ser divertido, também). A primeira versão de *João e o pé de feijão* personifica um desafio (menos falocêntrico) ao estereótipo de gênero masculino. Quais *scripts* podemos oferecer aos homens além de vencedores e perdedores, homens durões e fracotes, e que têm um custo humano tão grande? A metáfora de *O cálice e a espada* fornece um modelo alternativo para seguir em frente. Ouvimos ou falamos? Usamos consenso ou dominação? As histórias de mundos antigos ou de outros mundos da ficção científica (ou da fanfic) oferecem a oportunidade de considerar alternativas, incluindo os efeitos da linguagem, como os pronomes pessoais. Em um mundo pós-senhoras e senhores, somos ele/ela/elx/el@/elu/ile, dele/dela/delx/del@/delu ou dile?

De muitas maneiras, as disputas em política de gênero se equiparam às mudanças na psicologia como uma disciplina, em especial com os desafios do feminismo.

Reabilitar a visão convencional masculina (*malestream*)

A psicologia como disciplina tem respondido, muitas vezes com relutância, para abordar muitos dos vieses que, consciente ou inconscientemente, importou do mundo "real". A visão convencional (*mainstream*) muitas vezes é chamada de visão convencional masculina (*malestream*). As primeiras tentativas concentraram-se em ajustar a estrutura para incluir as mulheres (e alienar "outros") e ainda deixaram uma disciplina amplamente androcêntrica que focava a masculinidade (e a heterossexualidade) como o marco-padrão (e muitas vezes invisível).[29] As "questões femininas" continuaram sendo um pós-escrito. A psicologia feminista oferece um desafio fundamental, dando o centro do palco a "novas maneiras de conhecer" e à construção de sentido. Isso inclui um desafio do

29 Stainton-Rogers & Stainton-Rogers (2001), Wood (2000).

que constitui conhecimento (epistemologia), um desafio aos métodos e abordagens que os psicólogos usavam para obter evidência (modos de questionamento) e um desafio aos tópicos e questões que estudavam (assuntos).[30] Isso preparou o caminho para perspectivas LGBTQI+ em psicologia, oferecendo entendimentos radicalmente diferentes do que significa ser uma mulher, um homem ou "algo completamente diferente". Isso inclui o trabalho que nos diz que existem múltiplas masculinidades, masculinidades femininas e pessoas vivendo fora, além ou do outro lado das categorias de gênero.[31]

Porém, a psicologia popular não acompanhou esse movimento e ainda segue o modelo de gênero convencional com metáforas planetárias menos iluminadas (e inclusivas) em comparação com as dos gregos antigos. Até mesmo a neurociência nos diz que nossos cérebros são mais mosaicos que monocromáticos. Stainton-Rogers e Stainton-Rogers argumentam que "tudo bem celebrar algum tipo de carnaval pós-moderno"; mas, "se tudo estiver em fluxo – se estivermos vivendo em um mundo de novos homens, novas mulheres e novos relacionamentos –, então é possível ter alguma ideia de para onde estamos indo, ou . . . aonde deveríamos estar indo?".[32] Quais são os impactos mais amplos do gênero? Mais que um modo de vermos nosso corpo, nossa psicologia individual e nossos relacionamentos, existem implicações muito mais amplas. Se não podemos usar os estereótipos, então como podemos compreender o mundo, qual será o impacto da atração sexual, vamos todos nos tornar "neutroides" e levar ao fim da humanidade? Mais importante que aquilo que acontecerá no futuro é o que está acontecendo agora. Estamos levando todos conosco ou alguns estão sendo deixados para trás? Falar sobre o privilégio masculino pode obscurecer a possibilidade de que não sejam apenas os homens os afetados pelas mudanças nas relações de gênero. Como Connell e Pearse alertam, isso é uma ameaça a muitas mulheres também, pois "Mudanças iminentes podem perturbar a imagem que as pessoas gostam de ter sobre si mesmas, suposições sobre relacionamentos pessoais, sua personificação

30 Stainton-Rogers & Stainton-Rogers (2001), p. 147.

31 Connell, R. W. (2005). *Masculinities*, 2. ed. Cambridge: Polity Press.

32 Stainton-Rogers & Stainton-Rogers (2001), p. 256.

social e seus hábitos de conduta cotidiana".[33] Um novo paradigma precisa ser adequado a um propósito e não incluir novas maneiras de oprimir aqueles oprimidos pela visão do mundo antigo.

Podemos ir além do gênero binário?

Como crianças, começamos sem nenhuma noção de gênero, nossas visões se tornam polarizadas (por volta do tempo em que aceitamos a constância de gênero) e essa visão rígida se relaxa, provavelmente mais para as mulheres que para os homens.[34] A partir da adolescência, iniciamos o projeto de "nos encontrar" e esculpir nossa própria identidade – dependendo de nossas circunstâncias. Existem amplas diferenças dentro das culturas e entre elas quanto às oportunidades que oferecem para a conformidade e a variabilidade de gênero. No Capítulo 3, começamos a considerar o conceito de androginia, a ideia de que podemos simultaneamente corporificar traços de ação e instrumental ("masculinos") e expressivo e de cuidado ("femininos"). Porém, conforme discutido, as primeiras conceitualizações de androginia ainda faziam uma distinção masculino/feminino, e as características masculinas eram consideradas mais positivas. A androginia também não aborda os desequilíbrios de poder e as desvantagens materiais (ou o dividendo patriarcal).[35] Dinheiro e poder tendem a colorir o gênero.

Houve outras tentativas de reimaginar as categorias de gênero, como *The Apartheid of Sex*, de Martine Rothblatt, que oferece um paradigma com códigos de cor para identidade sexual e de gênero. Rothblatt descreve-o como uma "desconstrução da identidade sexual em elementos objetivos não infectados por questões genitais".[36] Esse "léxico cromático" é atingido pela interação de três elementos de identidade em cores primárias. Portanto, atividade é codificada em amarelo, passividade em azul

33 Connell & Pearse (2015), pp. 94-95.

34 Basow (1992), p. 328.

35 Bem (1976), citado em Basow (1992).

36 Rothblatt, M. (1996). *The Apartheid of Sex: A Manifesto on the Freedom of Gender*. Londres: Pandora, p. 115.

e erotismo em vermelho. Os indivíduos se situam em três escalas de sete pontos, que fornecem 343 identidades de gênero e sexuais cromáticas únicas. Na realidade, esse sistema é uma androginia sexualizada e, na prática, é duvidoso se ele superaria a onipresença de estereótipos de gênero com a masculinidade associada à agressão e a feminilidade associada à passividade. Ele também poderia cair no padrão duplo nas atitudes diante do comportamento sexual. Isso também nos deixa com muitas cores diferentes sem nenhuma estrutura real de como elas se encaixam. Sim, todas estão na roda das cores, mas como entendê-las na vida cotidiana? Além disso, como no caso da androginia, isso obscurece as diferenças de poder de idade, classe e outros fatores sociais e culturais.[37] Adicionar uma escala para poder e outra para dividendo patriarcal "enlamearia as águas". Apesar de suas limitações, o sistema policromático de Rothblatt ainda pode ser útil para desencadear um debate ao redor de sexo e gênero.

Muito do trabalho de Sandra Bem concentrou-se na perspectiva de criar crianças sem esquemas de gênero. O desafio é evitar interpretar o comportamento das crianças usando filtros adultos (binários). Um menino poderia brincar com bonecas, e uma menina poderia brincar com carros. Um ou ambos poderiam ser pais quando adultos. Um ou ambos poderiam ter carteira de habilitação quando adultos. Esses não são necessariamente sinais de confusão de gênero. Eles podem simplesmente estar brincando. Algumas vezes a caixa de fantasias é apenas uma caixa de fantasias. Todas as crianças, em algum ponto, têm uma visão de gênero amorfa. Em um mundo de gênero polarizado, seria surpreendente se ninguém pensasse no que haveria "no outro lado". O que sabemos é que, quando adultas, as pessoas em empregos não convencionais quanto ao gênero tendem a expressar esquemas não tradicionais de gênero.[38] Parte disso é reconhecer que maneiras diferentes de expressar o gênero podem ser apropriadas em diferentes circunstâncias. Um indivíduo pode ser cuidadoso e racional em uma situação e assertivo e sensível em outra.

---

37 Bornstein, K. (2013). *My New Gender Workbook: A Step-by-Step Guide to Achieving World Peace Through Gender Anarchy and Sex Positivity*. Londres: Routledge.

38 Basow (1992).

Segundo Connell e Pearse, em vez de gênero ou/ou, nós "temos uma imagem de diferenças e similaridades psicológicas de gênero não como constantes fixas e antigas da espécie, mas como os produtos mutáveis das respostas ativas que as pessoas dão a um mundo social complexo e em mutação".[39] Nessa visão, a androginia poderia ser apenas um outro modo de dizer "completude psicológica",[40] adequada para um mundo moderno. Isso poderia simplesmente ter a ver com flexibilidade e adaptabilidade cognitivas. A questão é como isso infiltra o local de trabalho androcêntrico.

Gilania em psicologia

O conceito de *inteligência emocional* (IE) é um tópico polêmico entre os pesquisadores. Seus proponentes a proclamam como a panaceia para todos os problemas e dizem que ela está positivamente correlacionada com melhores e mais bem-sucedidas relações sociais, menos agressão interpessoal, melhor desempenho acadêmico, melhores capacidades de negociação, melhor bem-estar psicológico, satisfação mais elevada com a vida, autoestima mais alta e níveis mais baixos de insegurança e de depressão. Ela está negativamente correlacionada com escolhas ruins de saúde e comportamentos inadequados. Eles também se exaltam da forma mais onipresente – argumentando que isso é psicologia popular.[41] Porém, a versão de Goleman caiu no gosto do mundo corporativo, e agora é vista como algo essencial para todos os bons líderes. O modelo de cinco conceitos pode ser dividido em duas categorias. As competências pessoais são autoconsciência, autorregulação e motivação. As competências sociais são habilidades sociais e empatia.[42] Consideradas em conjunto,

---

39 Connell & Pearse (2015), p. 47.

40 Wood, G. W. (2005).

41 Mayer, J. D., Roberts, R. D., & Barsade, S. (2008). Human Abilities: Emotional Intelligence. *Annual Review of Psychology*, 59, 507-536. Veja: www.researchgate.net/publication/5907081_Human_Abilities Emotional Intelligence. Acesso em: 17 ago. 2017.

42 Goleman, D. (2004). What Makes a Leader? *Harvard Business Review*. Veja: https://hbr.org/2004/01/what-makes-a-leader. Acesso em: 17 ago. 2017.

com uma dose de definição de metas, temos uma aproximação à androginia. Ainda há muitas pesquisas a serem feitas em relação a esse conceito relativamente novo na psicologia. No entanto, ele parece oferecer os sinais de um campo mais nivelado para as mulheres no mundo corporativo. Tanto que Daniel Goleman afirma que, embora estejam surgindo dados que mostram uma vantagem de liderança para as mulheres, "o modo inteligente de usar esses achados está em encontrar a mulher *certa* para a liderança". E ele continua:

> A expressão-chave para interpretar esses achados é "em média". Qualquer comparação ampla de homens e mulheres em um comportamento como a inteligência emocional resulta na superposição em grande medida de duas curvas normais, com as pontuações médias das mulheres mais altas que as dos homens. Mas o fato de essas curvas se superporem significa que qualquer homem poderia ser tão eficiente em atingir metas ou em trabalho em equipe quanto qualquer mulher.[43]

Assim, o lema é "a mulher certa, mas qualquer homem". A mudança significativa aqui é que o traço tradicionalmente masculino da liderança tem sido redefinido de um modo que é "mais cálice e menos espada". Os valores e as metas mudaram na direção da gilania e qualidades tradicionalmente categorizadas como femininas estão agora ligadas a sucesso no mundo.

Existe um movimento geral na direção de uma psicologia mais inclusiva, e uma abordagem, a *psicologia positiva*, está carregada de aspectos de pesquisa da psicologia humana que são mais positivos, em um sentido universal. Ela é definida como "o estudo científico das forças que capacitam indivíduos e comunidades a florescer".[44] A psicologia tem estado tradicionalmente mais interessada em emoções mais negativas, como raiva,

---

43 Goleman, D. (2016). *Women Leaders Get Results*. Veja: www.danielgoleman.info/women-leaders-get-results-the-data/. Acesso em: 18 ago. 2017.

44 Definição da página do Positive Psychology Center. Veja: https://ppc.sas.upenn.edu/. Acesso em: 18 ago. 2017.

medo e agressão. Os trabalhos mais conhecidos no campo da psicologia positiva incluem os livros de Martin Seligman *Aprenda a ser otimista* e *Felicidade autêntica*; o último concentra-se em forças, valores e trabalho. Há também o trabalho sobre estados mentais ótimos – coloquialmente "estar na zona" – *Flow*, de Mihaly Csikszentmihalyi.[45] Na *teoria do bem-estar* de Barbara Fredrickson, ela afirma que as emoções positivas ampliam a consciência do indivíduo e incentivam pensamentos e ações novos, variados e exploratórios. Com o tempo, esse repertório comportamental constrói habilidades e recursos. Segundo Fredrickson, as emoções positivas constroem os recursos psicológicos, intelectuais, físicos e sociais duradouros de um indivíduo. Em resumo, os estados emocionais positivos nos capacitam a acessar um repertório mais amplo e mais criativo. Quando estamos estressados, nosso foco se estreita a respostas binárias típicas de luta ou fuga. Minha abordagem em relação à construção de confiança é intensamente influenciada pela teoria de Fredrickson e baseada em dois princípios-chave. Em primeiro lugar, defendo que a confiança começa com o relaxamento em vez da exibição de "pavonice" que tem o objetivo de dominar. Em segundo lugar, alimentamos nossa própria confiança quando buscamos construir a confiança nos outros. A confiança, como o gênero, é relacional. E, em vez de uma qualidade possuída pelos poucos escolhidos (tradicionalmente homens), nesta visão, a confiança é baseada em consenso.[46]

A teoria do bem-estar oferece *insights* valiosos para como avançamos nas políticas de gênero – por meio de consenso ou conformidade, o cálice ou a espada? Em todo este livro, tocamos em valores humanos. Esses são nossos impulsos e nossas motivações, e estabelecem o pano de fundo para nossos objetivos, individual e coletivamente.

De baixo para cima e de cima para baixo

Em romances, fábulas e filmes, existe muitas vezes uma moral da história. Por baixo da superfície com valor de entretenimento, existe um outro nível de significado. Além disso, há uma construção e uma interpretação

45 Pronuncia-se "Xik-sent-mirrái".

46 Wood, G. W. (2013).

diferentes das histórias. O mutante com poderes especiais de uma pessoa é o estranho marginalizado por causa de suas diferenças de outra, ou seja, pessoas LGBTQI+.[47]

O gênero é uma história dentro da qual nascemos. É uma narrativa de que "esse é só o jeito que as coisas são". O gênero é de baixo para cima e de cima para baixo. É a interpretação social da biologia e uma manifestação social dos valores – a "ordem natural". Essencialismo biológico, androcentrismo e poder todos operam dentro de uma ideologia de jogo de soma zero de recursos limitados. Na cultura cotidiana, os desafios a esse sistema são ridicularizados, e as pessoas que os fazem "precisam ser colocadas em seu lugar", o que muitas vezes é tão ameaçador quanto parece. Pense na narrativa sobre as feministas feita pelos tabloides, isto é, "mulheres duronas, que vestem macacões, comem lentilhas e odeiam os homens, relíquias dos anos 1970, que querem estragar a diversão de todos". Essa caricatura é planejada para anular todo um corpo de conhecimentos, experiências e compreensões que começaram formalmente a tomar forma nas últimas décadas do século XVIII. Melhorias significativas têm sido feitas em relação aos direitos das mulheres (e aos direitos humanos) no Ocidente – e alguns podem considerar que a batalha já foi praticamente vencida. No entanto, os avanços nos direitos são frágeis no contexto de um sistema hierárquico binário. O período que se seguiu à crise financeira instigada por operações bancárias de 2007-2008 teve seu pior impacto sobre as pessoas mais pobres, especialmente mulheres. As pessoas no Reino Unido ouviram do governo que "estamos todos juntos nisso", enquanto a ideologia de austeridade implementava cortes nos serviços e o financiamento era retirado de organizações beneficentes e iniciativas que sustentam as pessoas mais vulneráveis. Parece que alguns de nós estão "nisso" mais profundamente que outros. Os ataques homofóbicos aumentaram em 147% nos três meses que se seguiram ao referendo sobre o Brexit no Reino Unido. É notável que a sentença máxima de prisão por um ataque a uma pessoa LGBT seja um quarto da sentença por ataques

---

47 Granger, K. (2016). Have You Tried . . . Not Being a Mutant? How The X-Men Movies Fight for LGBT Rights. *Movie Pilot*. Veja: https://moviepilot.com/posts/3988951. Acesso em: 22 ago. 2017.

racistas (seis meses em comparação com dois anos) –, que também aumentaram. Os ganhos em igualdade e as mudanças de atitude podem ser temporários em épocas políticas e econômicas incertas.

A feminista pioneira e autoconfessa "advogada do diabo" Germaine Greer argumenta que igualdade é um objetivo bastante conservador. Em última instância, igualdade significa ser igual aos homens, e isso deixa de lado o fato de que o sistema binário também não é bom para todos os homens. Para Greer, a liberação de um sistema opressivo deveria ser a meta.[48] Existem paralelos com críticas feministas à psicologia *mainstream* e como ajustes malsucedidos deram lugar a reformulações radicais de pensamentos. Em seu livro provocador *A mulher inteira*, Greer afirma: "As lutas pela liberação não têm a ver com assimilação, mas com afirmação da diferença, dotando essa diferença de dignidade e prestígio e insistindo nisso como uma condição de autodefinição e autodeterminação". É difícil argumentar com esse objetivo, embora Greer facilite isso. Muitas vezes, as opiniões dela não levam à cultura da mídia de frases de efeito, e frequentemente estão fora de sincronia com o pensamento *feminista interseccional* prevalente, isto é, de que precisamos considerar a superposição das identidades sociais (etnia, idade, sexualidade, classe, deficiência e assim por diante) e sistemas de opressão. As opiniões de Greer sobre mulheres trans levaram a pedidos para que ela fosse deixada de fora da mídia, mesmo que a palestra dela *Women and Power: The Lessons of the 20th Century* não abordasse as questões trans.[49] A polêmica tem a ver com definição, e Greer se recusa a aceitar que a definição de "mulheres de verdade" deva incluir mulheres trans; e, para alguns (de um modo muito binário), isso anula tudo que ela fala ou escreve.[50] Escritores queer, como a ativista trans Kate Bornstein, também questionam se existe algo como "homens

48 Ouvir Greer me lembrou do professor de economia marxista na faculdade que dizia "não é democracia se você não puder votar em outro sistema".

49 Lewis, H. (2015). What the Row Over Banning Germaine Greer Is Really About. *New Statesman*, 27 out. 2015. Veja: www.newstatesman.com/politics/feminism/2015/10/what-row-over-banning-germaine-greer-really-about. Acesso em: 1 ago. 2017.

50 Por essa razão ela é rotulada com o termo TERF, muitas vezes usado como um insulto, e que significa *feminista radical trans-exclusivista*.

de verdade" ou "mulheres de verdade". Eles argumentam que não devemos evitar as perguntas difíceis em torno da identidade de gênero, como a questão de como as pessoas que fazem transição de gênero ganham, mantêm ou perdem privilégios ou o dividendo patriarcal em um sistema hierárquico.[51] Nós também precisamos perguntar quem tem o poder de sancionar ou silenciar os debates em torno do gênero. Usar uma espada para cortar o que você percebe como um cálice envenenado ainda é usar a espada. É útil considerar as cinco perguntas sobre poder e democracia do político britânico Tony Benn:[52] Que poder você tem? Onde você o conseguiu? No interesse de quem você o usa? A quem você deve prestar contas? Como nos livramos de você? Essas questões se aplicam a todas as pessoas que exercem poder sobre os direitos e o corpo dos outros, inclusive aquelas que têm uma plataforma para suas opiniões e aquelas que tentam tirar de outras essa plataforma. Uma das principais questões que confrontam a perspectiva interseccional é que existem tantos binários (de privilégios) interagindo que eles tornam difícil decidir onde alguém se encaixa na pirâmide de poder hierárquica teórica. É um sistema de recursos limitados, de soma zero, e as realidades concretas da vida das pessoas podem às vezes se perder em afirmações abstratas. O desafio é, ao seguir em frente, como equilibrar os direitos e as liberdades de um grupo de identidade sem que isso seja percebido (ou experienciado) por outras identidades como uma perda de seus próprios direitos e liberdades.

Vários escritores argumentam em favor de uma análise de política de gênero que seja de mais alcance. Connell e Pearse dizem que o gênero tem um impacto social e relacional que se estende nacional e internacionalmente, a economias e Estados e relacionamentos globais. Eles também argumentam que os impactos da mudança ambiental são desiguais em termos de gênero e que as mulheres são maioria entre as pessoas que

---

51 Bornstein, K. (2016). *Gender Outlaw: On Men, Women and the Rest of Us*. Nova York: Vintage.

52 Nichols, J. (2014). Tony Benn and the Five Essential Questions of Democracy. *The Nation*. Veja: www.thenation.com/article/tony-benn-and-five-essential-questions-democracy/. Acesso em: 21 ago. 2017.

vivem na pobreza.[53] Em *The First Sex*, a estudiosa feminista Elizabeth Gould Davis argumenta que o poder masculino era a força de impulso por trás da poluição ambiental. Esse argumento ressoa com a ideia de Riane Eisler de aplicar os princípios da construção de consenso e parceria em nossas relações íntimas. Nos anos 1970, E. F. Schumacher escreveu *Small Is Beautiful: A Study of Economics As if People Mattered.* Há mais de quarenta anos suas ideias ainda estão sendo discutidas e debatidas. Desafiando a abordagem androcêntrica "maior é melhor", ele argumenta em favor de um sistema mais humano, mais digno, mais democrático, que use a criatividade e desperdice menos. A filosofia de Schumacher baseia-se na "suficiência" (cálice) em oposição à "nunca suficiência" (espada). A ativista de gênero Kate Bornstein talvez seja considerada um pouco entusiasmada demais por alguns, proclamando no subtítulo de *My Gender Workbook* um "*Step-by-Step Guide to Achieving World Peace Through Gender Anarchy and Sex Positivity*" ("um guia passo a passo para alcançar a paz mundial por meio da anarquia de gênero e da positividade sexual"). Isso sugere que, em vez de "ir cutucando um pouco nas bordas", precisamos repensar radicalmente o sistema, nossas metas e nossos valores.

Um estudo realizado na década de 1990 defende que nosso caminho adiante é criar uma nova pauta para as próximas gerações – na época, com 18 a 34 anos.[54] O que eles poderiam pensar se revisassem as conclusões do estudo hoje?

- *Examinar valores para redefinir o equilíbrio entre direitos e liberdades de homens e mulheres* – isso agora se ampliou para incluir outros gêneros e outras identidades.
- *Desenvolver estratégias que acolhem a diversidade além de garantir direitos* – esse é um desafio crucial para a interseccionalidade em um sistema de jogo de soma zero.

53 Connell & Pearse (2015).

54 Wilkinson & Mulgan (1995), citado em Stainton-Rogers & Stainton-Rogers (2001).

- *Repensar os papéis de gênero no contexto do novo clima econômico e de novos padrões de emprego e ocupação* – ou questionar se precisamos de papéis de gênero ou quantos papéis de gênero devem existir.
- *Fornecer mais estruturas de apoio para ajudar as pessoas a equilibrar seus desejos, necessidades e responsabilidades – trabalhar, cuidar dos outros e levar vidas gratificantes* – porém, desde a crise financeira de 2007-2008 e a agenda de austeridade, não está claro nos sistemas dominantes se qualquer parte disso seria uma alta prioridade. Como o cientista cognitivo e comentarista político Noam Chomsky afirma, "O Ocidente não tem de fingir mais que está interessado em ajudar alguém".[55]

Noam Chomsky tem uma resposta padrão quando lhe perguntam "o que devemos fazer sobre . . . ?". Por exemplo, "O que devemos fazer sobre o terrorismo?" ou "O que devemos fazer sobre *fake news*?" A resposta dele é curta e direta: "Parar de contribuir com isso".

Usamos a linguagem para cortar o contínuo da experiência humana em unidades mais simples, mais significativas, para criar conjuntos nítidos,[56] como homem e mulher, masculino e feminino, trans e cis, hetero e gay. Nós removemos o meio. Então, usamos a linguagem para juntar essas unidades novamente, de modo a criar um senso de relacionamento entre elas. É uma história que temos contado há muito tempo.

Então, o que podemos fazer com essa história?

Parar de contá-la.

Parar de contribuir com ela.

HISTÓRIAS DE CONHECIMENTO E PODER

Esta seção final oferece alguns pensamentos e questões para provocar a dinâmica de conhecimento e poder e de gênero e poder.

---

55 Veja: https://chomsky.info/commongood01/. Acesso em: 23 ago. 2017.

56 Sibley, D. (1995). *Geographies of Exclusion*. Londres: Routledge.

Em *Um guia para os perplexos*, o economista E. F. Schumacher[57] identifica quatro campos de conhecimento para o indivíduo que poderiam ser aplicados à identidade de gênero. Os quatro campos surgem da combinação de dois pares: eu/o mundo e aparência externa/experiência interna.

1. **Eu → interno:** autoconsciência, isto é, de nossos sentimentos, nossos pensamentos e nossa atenção seletiva, para onde dirigimos conscientemente nossa atenção.
2. **Eu → outras pessoas (interno):** consciência do que as outras pessoas estão pensando e sentindo e capacidade de "se colocar no lugar dos outros", mesmo se não concordar com eles, isto é, empatia. Entender os outros depende de primeiro desenvolver autoconsciência.
3. **Outras pessoas → eu:** entender-se como um fenômeno objetivo, isto é, como os outros veem você. O conhecimento das pessoas, em geral, do item 4 é útil aqui. Concentrar-se apenas na visão dos outros pode fazer você se sentir insignificante (e impotente), enquanto se concentrar abertamente na autoconsciência pode fazer você se sentir como se fosse o centro do universo. Para alcançar o equilíbrio, você precisa dos dois.
4. **Eu → o mundo:** o estudo científico do comportamento do mundo externo, ou seja, psicologia, sociologia, antropologia e assim por diante.

Schumacher observa que só temos acesso direto aos campos 1 (autoconsciência) e 4 (estudo do mundo exterior), e só quando todos os quatro campos de conhecimento são cultivados é que podemos ter um conhecimento realmente unificado. É o equilíbrio entre aparências, significado e propósito. As evidências em relação às diferenças de gênero precisam ser pesadas à luz do que sabemos a respeito dos processos psicológicos pelos quais simplificamos um ambiente complexo e compreendemos o mundo.

---

57 Schumacher, E. F. (1995). *A Guide for the Perplexed*, New Edition. Londres: Vintage. [*Um guia para os perplexos*. Campinas: Auster, 2020.]

Isso deveria incluir também o conhecimento do desenvolvimento cognitivo humano. Isso, no mínimo, deveria nos deixar cautelosos quanto a pular para conclusões em preto e branco ou tentar dividir contínuos em binários. Usar esses quatro campos de conhecimento também destaca a diferença entre conhecer e acreditar. Em uma visão pós-verdade e emocional do mundo, os sentimentos pessoais e o acesso à internet atropelam as evidências empíricas?

Stainton-Rogers e Stainton-Rogers[58] oferecem uma série de questões para explorar o contexto do que constitui conhecimento e seu relacionamento com o poder:

1. De quem é o conhecimento? Quem o produziu?
2. Por que foi feito desse modo? Aos interesses de quem está servindo?
3. Quem se beneficia dele e quem sai perdendo?
4. O que acontece por causa dele? E o que aconteceria se um conhecimento diferente fosse aceito?

E a palavra final vai para Raewyn Connell e Rebecca Pearse, que afirmam que

> a análise de gênero é um trabalho para muitas mãos. Ela exige a capacidade de ouvir cuidadosamente. Exige maneiras de dar reconhecimento sem cair no separatismo . . . conhecimento sobre gênero tem de ser considerado repetidamente, à luz da dinâmica de gênero em constante mutação que aparece na política mundial. Considerando essa disponibilidade para aprender, estamos convencidos de que a teoria e a pesquisa de gênero podem desempenhar um papel significativo na criação de um mundo mais democrático.[59]

58 Stainton-Rogers & Stainton-Rogers (2001), p. 181.
59 Connell & Pearse (2015), p. 152.

CONCLUSÕES

O futuro da psicologia de gênero reside na criatividade humana e em como podemos usá-la para lidar com dinâmicas interpessoais em constante mutação. Consideramos como diferentes histórias moldaram nossa visão sobre gênero e como recontar essas histórias pode dar nova forma à nossa visão. Uma nova psicologia de gênero também vai reavaliar as qualidades e os traços humanos em termos não vinculados ao gênero (extirpando os vieses pessoais, sociais e psicológicos) e considerar outras maneiras de ser e agir além da visão hierárquica e androcêntrica.

A seguir, a conclusão deste livro reúne os temas, revisita a questão que ele buscou responder e convida você a contemplar o impacto pessoal do material sobre sua visão de seu gênero.

6

CONCLUSÕES

Seguir em frente – gênero significativo

Parafraseando Oscar Wilde, "Todo [gênero] é, ao mesmo tempo, superfície e símbolo. Aqueles que vão abaixo da superfície fazem isso por sua conta e risco".[1]

Quando "fazemos as coisas seguindo as regras de um livro", faz muita diferença qual é o livro que usamos. É um livro de autoajuda, um livro-texto, um livro de história, o "Bom Livro" (uma versão não religiosa da Bíblia), um romance de ficção científica ou um livro de contos de fadas? Todos eles oferecem visões de mundo radicalmente diferentes. A compreensão cotidiana do gênero nem reconhece que precisamos de um livro de regras – talvez apenas algumas revistas em papel brilhante já funcionem.

Não é fácil questionar o gênero, principalmente porque muito dele está escondido bem debaixo do nosso nariz. Muitas pessoas nunca o ques-

1 Do prefácio do livro de Wilde, *O retrato de Dorian Gray*. Originalmente se refere à arte.

tionam – por que não podemos simplesmente deixar para lá? Algumas pessoas o questionam durante toda a vida. O gênero tem sua própria tradição oral (e visual), em que os certos e errados são passados adiante porque "é assim que as coisas são". Isso se torna um *loop* fechado que se autoalimenta, em que tudo acima da superfície se transforma em sua própria justificativa. Se você duvida disso, visite uma loja de cartões ou a seção de cartões de felicitações em uma papelaria. Os estereótipos de gênero são um grande negócio. Vastas extensões de cartões cor-de-rosa ou azuis marcam cada data importante, do berço até o túmulo. Enviamos cartões aos pais proclamando "é uma menina" ou "é um menino", como se eles não soubessem. Atualizações a cada ano relembram as pessoas de seu gênero, com imagens de sapatos e bolsas ou esportes e garrafas de cerveja, como se elas corressem o risco de esquecer. Mesmo as flores em seu funeral serão adequadas a seu gênero. Deus não permita que nasçam flores na cor *errada*.

O objetivo geral de *A psicologia do gênero* foi fazer um convite para que você olhe abaixo da superfície, reflita sobre as suposições ocultas e reavalie como o sistema binário de gênero funciona para você e como não funciona. Nada apresentado aqui tem o objetivo de sabotar o senso de si mesmo nem de abalar as bases do mundo de alguém. Estamos muito envolvidos em um de dois clubes mutuamente excludentes, sem saber em que estamos nos metendo. Sem dúvida, este livro foi escrito para abalar as coisas – para lançar um olhar crítico sobre o livro de regras do clube de gênero. Ele destaca alguns dos problemas que temos de enfrentar. Também é um lembrete de que gênero pode ser divertido. Para alguns, esse é um convite bem recebido, e para outros é um passo grande demais. A mudança é inevitável. A diversão não é obrigatória.

Começamos com muitas perguntas. Por exemplo, por que os aplicativos assistentes de IA têm vozes femininas? O senso comum é que as mulheres supostamente são significativamente mais solícitas, enquanto a pesquisa indica o contrário. Por que os esportes são segregados em linhas de gênero, quando, se fossem mistos, eles poderiam ser organizados de acordo com o tamanho corporal? Isso é só para proteger o ego masculino? Somos atraídos para categorias binárias como uma maneira de simplificar o mundo. O lado ruim é que nossa tendência a ver o mundo como grupos internos e grupos externos leva a desigualdades. Então, será que a visão "diferentes, mas iguais" é suficientemente ambiciosa? Será que podemos realisticamente nos libertar do sistema antigo? E um novo sistema, um novo paradigma? Como isso poderia ser e qual poderia ser seu impacto? Será que uma mudança no sistema de gênero pode mudar o mundo? Os livros de autoajuda da psicologia popular decretam que o sistema é inevitável. Então, deveríamos apenas rir dos absurdos da vida e apoiar o *status quo*? Será que estamos presos irremediavelmente em um jogo de soma zero? Será que você é um refém dos estereótipos de papel de gênero?

Como *coach* de desenvolvimento pessoal e profissional, trabalho com clientes para apoiá-los a seguir em direção a suas metas de uma maneira pessoalmente significativa. Isso muitas vezes envolve uma auditoria de toda a vida, para considerar forças, fraquezas, oportunidades e ameaças. Enfatizamos as forças, maximizamos as oportunidades e visamos gerenciar as fraquezas e reavaliar as ameaças.[2] Como o gênero afeta todas as pessoas, ele não está imune ao processo. Assim como este livro, um *coach* lida com muitos "e ses" e "talvezes". Ao ajudar os clientes a romper as limitações e considerar uma gama mais ampla de opções, eu contextualizo muitas das minhas questões como estímulos à imaginação deles. Talvez você tenha lido este livro por pura curiosidade, talvez para uma tarefa acadêmica,[3] talvez para responder a algumas questões sobre seu próprio gênero ou para ajudar alguém a responder questões pessoais. Talvez este seja apenas um trampolim para mais explorações, ou talvez você sinta que já tem informações mais que suficientes. Talvez nada tenha mudado. Talvez você vá questionar a relevância da próxima vez que lhe pedirem para declarar seu gênero. São muitos "talvez". E este é justamente o ponto. "Talvez" são opções.

Gênero tem a ver com ser e pertencer. É uma identidade pessoal e um relacionamento com o mundo social. Portanto, conforme as noções de gênero mudam, precisamos reavaliar, renegociar e reafirmar nosso lugar

2 Wood, G. (2008). *Don't Wait for Your Ship to Come In . . . Swim Out to Meet It. Tools and Techniques for Positive Lasting Change.* Chichester: Capstone.

3 Ou pelo menos folheou entusiasmado para escolher algumas citações.

nele e nosso relacionamento com outras pessoas que também podem estar fazendo o mesmo.[4] Seu gênero tem impacto. Um novo paradigma de gênero se torna mais do que preto e branco, certo e errado, vencedores e perdedores. Uma nova psicologia do gênero reside nas sombras da ambiguidade que não foram previstas para nós, pelos outros, no momento do nosso nascimento. É um processo dinâmico e colaborativo de construção de sentido.

Como se você já não tivesse tido questões suficientes, vamos terminar com mais algumas para ajudar você a contar sua história, parafraseando Kate Bornstein:[5]

> Sabendo o que você sabe agora, e conhecendo-se como você se conhece, qual é o seu gênero? Quanto de voz ativa você teve na escolha dele? Existe algo em relação ao seu gênero que "fique no caminho"? O que lhe é negado por causa do seu gênero? Quais são os benefícios dele? Quando você pensa em um gênero diferente do seu, quais são as três coisas que acha mais interessantes? O que aconteceria se você incorporasse essas coisas em seu papel de gênero? Qual seria o seu gênero então? Qual poderia ser o efeito sobre sua vida, seus objetivos, as outras pessoas, a sociedade, o mundo e assim por diante? Quais são as perguntas que você quer que sejam respondidas?

Continue a perguntar, continue a conversar com outras pessoas e continue a ouvir.

Feliz renascimento.

---

4 Ou pessoas que não reconhecem nem sentem a necessidade de desafiar ou mudar. Elas ainda são parte do processo e ainda precisam ser incluídas.

5 Bornstein, K. (2016). *Gender Outlaw: On Men, Women, and the Rest of Us? (Revised and Updated)*. Nova York: Vintage.

P.S.

Em um verdadeiro estilo "teste de revista", considerando o conteúdo deste livro, o que você fará a seguir?

1. Fazer alguma coisa diferente
2. Continuar do mesmo jeito
3. Pensar sobre isso
4. Terminar de escrever meu trabalho acadêmico
5. Ler alguma outra coisa[6]
6. Voltar ao início e ler todas as notas de rodapé deste livro
7. Todas as anteriores

6 Veja "Leituras recomendadas".

LEITURAS RECOMENDADAS

LIVROS

Basow, S. A. (1992). *Gender Stereotypes and Roles*, 3. ed. Pacific Grove: Brooks/Cole.

Bornstein, K. (2013). *My New Gender Workbook: A Step-by-Step Guide to Achieving World Peace Through Gender Anarchy and Sex Positivity*. Londres: Routledge.

Bornstein, K. (2016). *Gender Outlaw: On Men, Women, and the Rest of Us*. Londres: Vintage.

Brannon, L. (2017). *Gender: Psychological Perspectives*, 7. ed. Londres: Routledge.

Burr, V. (1998). *Gender and Social Psychology*. London: Routledge.

Cameron, D. (2007). *The Myth of Mars and Venus*. Oxford: Oxford University Press.

Connell, R., & Pearse, R. (2015). *Gender: In World Perspective*, 3. ed. Cambridge: Polity Press. [*Gênero: uma perspectiva global*. São Paulo: nVersos, 2015.]

Criado-Perez, C. (2016). *Do It Like a Woman . . . Change the World*. Londres: Portobello Books.

Eckert, P., & McConnell-Ginet, S. (2013). *Language and Gender*, 2. ed. Cambridge University Press.

Eisler, R. (1989). *The Chalice and the Blade*. Nova York: HarperCollins. [*O cálice e a espada: nosso passado, nosso futuro*. São Paulo: Palas Athena, 2007.]

Fine, C. (2010). *Delusions of Gender: The Real Science Behind Sex Differences*. Londres: Icon Books.

Greer, G. (2006). *The Female Eunuch* (Harper Perennial Modern Classics). Londres: Harper Perennial. [*A mulher eunuco*. São Paulo: Círculo do Livro, 1970.]

Killerman, S. (2017). *A Guide to Gender: The Social Justice Advocates Handbook*, 2. ed. Texas: Impetus Books.

Rothblatt, M. (1996). *Apartheid of Sex: Manifesto on the Freedom of Gender*. Londres: Pandora.

Stainton-Rogers, W., & Stainton-Rogers, R. (2001). *The Psychology of Gender and Sexuality*. Buckingham: Open University Press.

Sycamore, M. N. (2006). *Nobody Passes: Rejecting the Rules of Gender and Conformity*. Emeryville: Seal Press.

Wood, G. W. (2005). *Sex, Lies and Stereotypes: Challenging Views of Women, Men and Relationships*. Londres: New Holland.

FILMES

Para uma lista de filmes com temas ligados ao gênero (de qualidade diversificada), veja:

www.allmovie.com/characteristic/theme/gender-bending-d1407

Pleasantville: a vida em preto e branco (1998). Dirigido por Gary Ross.

FICÇÃO CIENTÍFICA

Sugeridos por Wendy e Rex Stainton-Rogers (2001):

Delaney, S. R. (1996). *Trouble on Triton: An Ambiguous Heterotopia*. Middletown, CT: Wesleyan University Press. (Publicado originalmente em 1977 como *Triton*.)

Elgin, S. H. (2000). *Native Tongue*. Nova York: The Feminist Press. (Publicado originalmente em 1984.)

Gentle, M. (1996). *Ancient Light*. Londres: Gollancz. (Publicado originalmente em 1987.)

Gentle, M. (1996). *Golden Witchbreed*. Londres: Orion. (Publicado originalmente em 1983.)

Le Guin, U. K. (1981). *The Left Hand of Darkness*. Londres: Orbit. (Publicado originalmente em 1969.) [*A mão esquerda da escuridão*. São Paulo: Aleph, 2019.]

Le Guin, U. K. (1999). *The Dispossessed*. Londres: Gollancz. (Publicado originalmente em 1974.) [*Os despossuídos*. São Paulo: Aleph, 2019.]

Piercy, M. (2016). *Woman on the Edge of Time*. Nova York: Del Rey. (Publicado originalmente em 1976.)

SITES DO AUTOR

Para sites que apoiam um diálogo contínuo sobre as questões discutidas em *A psicologia do gênero*, veja:
www.psychologyofgender.org
www.nonbinarygender.org
Para consulta sobre *coaching* ou treinamento em relação a questões de gênero ou questões de desenvolvimento pessoal ou profissional, entre em contato com info@drgarywood.co.uk.